気になる日本地理

宇田川勝司

角川文庫
23782

はじめに

「遠くへ行きたい」「おとなの修学旅行」「路線バスでぶらり旅」「旅ずきんちゃん」「とちぎ発！　旅好き！」「映像散歩　日本の山々」「江戸の街歩き」「にっぽん原風景紀行」「鉄道旅」……。

これはある日のテレビ番組欄から拾い出した番組タイトルである。いわゆる旅番組と呼ばれるものだが、その数はひょっとして昔からテレビ番組の定番である音楽番組やスポーツ番組よりも多いのではないだろうか。しかし、これだけ多くの旅番組があっても、旅とは密接に関連する「地理」という言葉をタイトルに使った番組は一つもない。書店へ行っても旅行関係の書籍は数多く並んでいるが、そもそも「地理」というコーナーがない。

見知らぬ土地を訪れ、その土地の自然や文化、歴史に触れることは好きでも、それが地理であるにもかかわらず「地理」という言葉にあまりよいイメージを持っていない人が多い。そのような人に理由を尋ねると、どうも中学や高校の授業に原因があるようだ。テストのために地名や用語を丸暗記、地図やグラフとにらめっこ、だから地理なんておもしろくない、嫌いだという。地名や地図は「地理」の基礎ではあるが、「地理」の本質やおもしろさは実はその先にある。

鳥取県と島根県の位置を間違えて覚えたり、愛媛県や栃木県を漢字で書けなかったり、これでは「地理」はつまらないし、苦痛となるのは道理だ。それよりも「県名が鳥を取るってどういうこと？」とか、「愛媛の意味が愛らしいお姫様というのはホント？」とかそんなことを調べるほうがずっと楽しくておもしろい。われわれの周囲の現象や事象を「地理」という視点から眺めてみると、意外な発見、新鮮な感動があり、ひいてはそれが知識や思考を豊かにする。

学校で習った「地理」をもう一度学び直し、実生活に役立ち、「地理」本来のおもしろさを伝えられる本をつくりたい、地理嫌いの人たちにも手にとって頂き、おもしろく読み応えのある本にしたい。そのようなことを願って本書は誰もが日常の中でふと感じる「なぜ？　どうして？」というささいな疑問に焦点を当てた。鳥取県や愛媛県の県名の由来のように、気にならない人も多いが、気づいてしまうと気になって仕方がない、そんな疑問がわれわれの日常生活の中には数多くある。

どうして大阪は大阪県ではなく大阪府なのだろう？　どうして愛知県は名古屋県ではないのだろう？　「和牛」と「国産牛」の違いは何だろう？　「梅雨」を「つゆ」と読むのはなぜ？　漢字で書くとどうして「梅」の字を使うの？　このような疑問を持

った人は多いはずだ。

「学問」は「学んで問う」「問いを学ぶ」と書く。疑問を追究し、解決しようとするのはあらゆる学問の原点だ。本書も、日常生活の中のちょっとした疑問を集め、様々な角度から答えを探ってみた。この本を気軽に読んでいただき、「地理」のおもしろさを知り、興味を深め、実生活にも役立つ知識を増やしてもらえることを願っている。

目次

第2章 語源・由来が気になる疑問

第3章　基準・定義が気になる疑問

第4章　原因・理由が気になる疑問

第1章　違いが気になる疑問

１　山地と山脈の違い

日本にはいくつの山があるのだろうか？　全国をカバーする約４４００枚の２万５千分の１地形図を購入し、そこに名が記載されている山を丹念に数えた人がいる。そして、調べ上げた山の数はなんと１７０７９！

環太平洋造山帯に属する日本には、日本アルプスのように３０００ｍ級の険峻な山並みもあれば、中国山地や阿武隈高地のように、なだらかな高原状の山々もある。富士山や阿蘇など美しい山容の火山が多いのも日本の特徴だ。日本列島の方向に沿って、北海道から九州まで数多くの山地や山脈がある。小学校や中学校の頃はこれを覚えさせられるのが苦痛でたまらなかったという思い出をお持ちの方もおられるのではないだろうか。

山地と山脈の違い

ところで、山地と山脈とは何が違うのだろうか。中学の教科書（東京書籍）には、

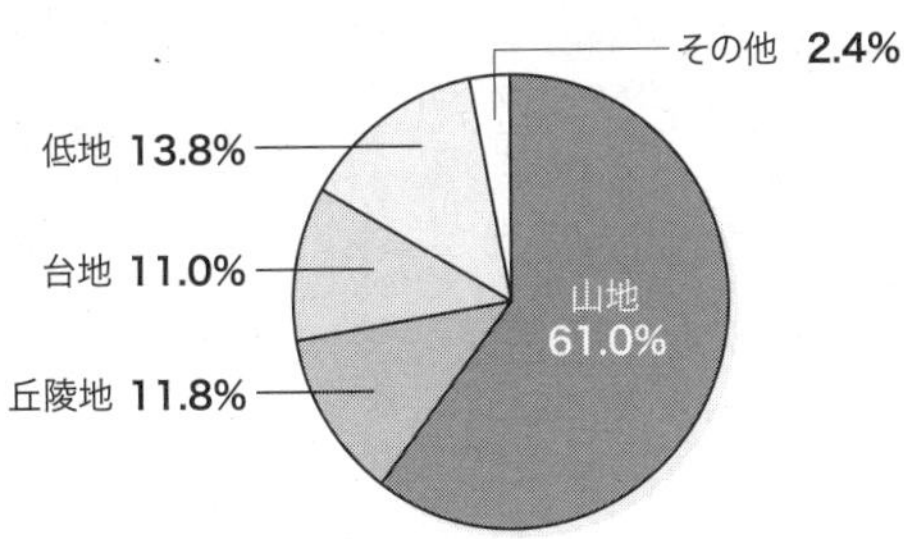

国土の地形別割合　　資料：日本統計年鑑　2016

「**山地**とは、周囲より高く起伏が大きい土地が集まったところをいう。また、**山脈**とは、山の頂上部分が、一本の線のように連なっている山地のことをいう」という説明がある。しかし、山地と山脈のあいだには明確な基準があるわけではなく、学校で使用する地図帳などでは、国土地理院が採用している「自然地域の名称」に基づいて、山地と山脈を呼び分けている。

また、山地という言葉を、平地と対比する用語として使う場合もある。たとえば「日本の国土の四分の三は山地が占め、平地は四分の一である」というような使い方をする。この場合の山地には高地や高原、丘陵地なども含んでいる。ちなみに、日本は4分の1つまり25％の平地に総人口の90％の人々が居住している。

△△山と▽▽岳の違い

日本の最高峰はもちろん**富士山**、それでは2番目に高い山をご存じだろうか。筆者は子どもの頃に**白根山**

と覚えたが、近年では**北岳**とされている。しかし、これは順位が変わったわけでも、名称が変わったわけでもない。どちらも正しく、白根山と北岳は実は同じ山だ。ここでいう白根山とは長野・山梨・静岡3県の境にあるいくつかの峰々が集まった山塊の総称である。その白根山という山塊に北岳、間ノ岳、農鳥岳などの峰があり、そのもっとも標高の高い峰が3193mの北岳なのである。

同様に、北海道の最高峰も大雪山と呼ばれたり、旭岳と呼ばれたりしているが、大雪山系の多くの峰々のうちもっとも高い峰が旭岳なのだ。

国語辞典によると、**山**とは地表に著しく凸起した部分、高くそびえ立つ地形、また、それらが多く集まっている地帯とあり、**岳**は、一般には高い頂上部分を持った単独の起伏と定義されている。

日本の高山ベスト50のうち、「△△山」と呼ばれるのは富士山・御嶽山・立山・別山のわずか4座、他の46座はすべて「▽▽岳」だ。ただ、富士山や御嶽山にも白根山や大雪山のように最高峰には**剣が峰**などの別称がある。また、日本第2の高峰、北岳や4番目の間ノ岳は白根山に属している。しかし、立山の最高峰の大汝山、八ヶ岳の最高峰の赤岳のように、山塊と頂上部分のどちらも山と呼んだり、岳と呼んだりする場合もあり、必ずしも明確な定義ではないようだ。

高地と高原の違い、丘陵と台地の違い

山と呼ばれるほど高く険しくはないが、周囲よりは高く平地でもない隆起地形として、△△高地・▽▽高原・△△丘陵・▽▽台地などの地名が地図にはある。これらの地形について国土地理院は、次のように定義している。

高地は、起伏がそれほど大きくなく、谷がよく発達した全体として表面がなだらかな山地をいう。北上高地、丹波高地などがある。

高原は、起伏が小さく・谷が発達していない平坦な面が広がる高地のことをいい、狭い地域の場合に使われる。志賀高原・美ヶ原(うつくしがはら)高原などがある。

丘陵は、丸みをおび、なだらかな起伏があるが、低地部との標高差が約３００ｍ以下のものをいい、一般に高地よりも標高は低く、規模も小さい。多摩丘陵・千里丘陵などがある。

台地とは、平野と盆地のうちの一段と高い台状の土地をいう。下総(しもうさ)台地・牧ノ原台地・上町台地などがある。

ただ、山地や山脈、山と岳、高地、高原、丘陵、台地など実際の地名は、古くから慣習的に使用されてきたものをそのまま地図でも採用している場合が多く、決して明確な基準で呼び分けられているわけではない。

世界地図を見ると、ヒマラヤ、ロッキー、アルプスなどすべて山脈で、△△山地と

いうものはない。また、チベット高原やエチオピア高原、ギアナ高地など世界の大地形でいう高原も、日本の場合とは定義が異なる。

2 湖・沼・池の違い

湖・沼・池の区分は？

九州の人気の温泉地、由布院にある金鱗(きんりん)湖は1周すると約400m、陸上トラックとほぼ同じだ。こんなに小さくても湖なのだろうか。

国土地理院のサイトには、次のような説明がある。

湖は、深く、岸には植物が生えているが、中央の深いところには植物がないもの。

沼は、湖より浅く、深いところにも植物が生えているもの。

池は、地面にできたくぼみに水のたまったところ。ふつう、湖沼より小さいもの。人工的につくられたもの。

ただし、この解説のあとに「しかし、ダムによってできた池でも○○湖と呼ぶように、地図ではこの区分と関係なく実際に呼ばれている名前が書かれている」という説

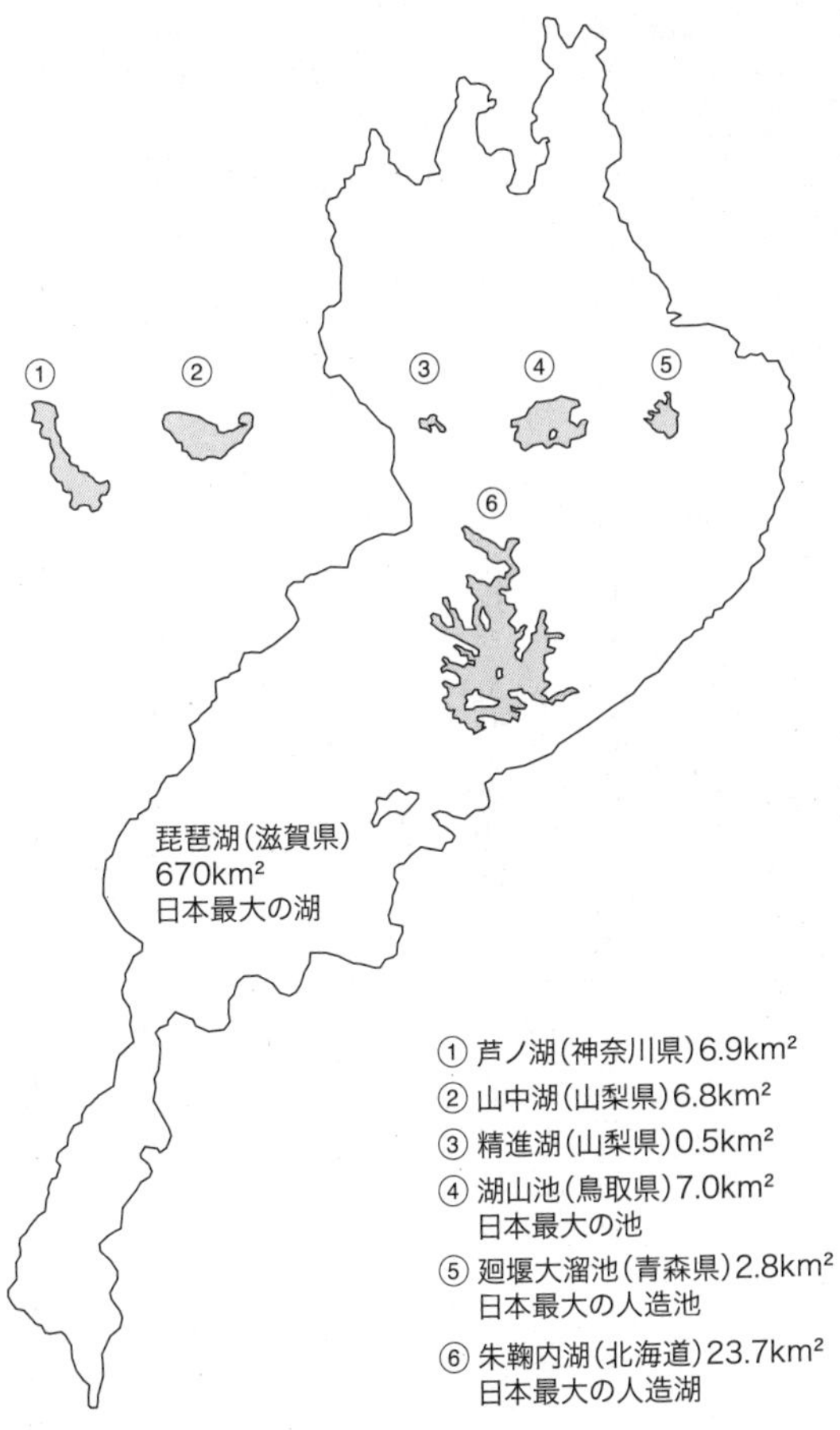

おもな湖と池の広さの比較

明が続いている。

前項の山の名のように、湖や池の場合も固有名詞は慣習的なものが多く、定義通りに厳格に区分されているわけではない。たとえば、北海道南部の人気の観光地でもある大沼の水深は約12ｍだが、苫小牧市郊外のウトナイ湖の平均水深はわずか1ｍほど、面積も大沼の半分ほどもない。しかし、大沼より小さいウトナイ湖は池でも沼でもなく湖と呼ばれている。由布院の金鱗湖は、明治初期に毛利空桑という風流人が夕日で魚の鱗が金色に輝くのを見てそのように名付けたとされているが、それまでは由布岳の麓にある池という意味で、「岳下池」という名で呼ばれていた。

日本一大きな池と湖

日本で一番大きな池は鳥取県東部にあり、**湖山池**という。周囲が18㎞あり、面積は7・0㎢、箱根の芦ノ湖とほぼ同じで富士五湖最大の山中湖よりも広い。湖山池は、海湾が砂州の発達などで外海から分離されて形成された浜名湖やサロマ湖と同じ海跡湖である。

人造池では青森県の**廻堰大溜池**がもっとも大きく、面積は2・8㎢、富士五湖の一つ**精進湖**の約5・5倍の広さだ。

人造湖では、北海道北部の雨竜川をダムでせき止めた面積23・7㎢の**朱鞠内湖**がもっとも大きい。

日本最大の湖は、もちろん**琵琶湖**（６７０km²）だが、世界へ目を向けると、世界最大のカスピ海は日本の総面積とほぼ同じ37万km²、淡水湖では第1位のスペリオル湖は北海道よりも大きい8万km²、やはりスケールが違う。しかし、ヨーロッパを見ると、スカンジナビアや旧ソ連の国々を除けば、意外にも琵琶湖より大きな湖はない。ネッシーで知られるイギリス最大のネス湖（56km²）やスイスのレマン湖（５８２km²）も琵琶湖よりはかなり狭い。アジアを見ても、琵琶湖より大きな湖がある国は中国を含めてもわずか6か国だ。お隣の韓国や台湾にも、特記するような湖沼は見あたらない。

日本は美しい山々も多いが、火山湖、海跡湖、ダム湖など様々な景観の湖沼が各地に見られる。日本は世界に誇る自然景観の豊かな国なのだ。

3　海抜と標高の違い

海抜と標高の違い

「海抜ゼロメートル地帯」という言葉を聞くが、「標高ゼロメートル地帯」とは聞かない。なぜだろう？

「海抜○○ｍ」と「標高△△ｍ」、どちらも土地の高さを示すときに使われる表現だが、２つの言葉にはどのような違いがあるのだろうか。国土地理院によると、**海抜**とは海面を基準とした高さ、**標高**とは水準点を基準とした高さと定義されている。

海抜の基準となる海面は、本来はそれぞれの地域近傍の海面だが、離島を除き、実際には**東京湾の平均海面**が基準になっている。東京湾の平均海面というのは、１８７３（明治６）～79（明治12）年に隅田川河口付近の霊岸島で測定した６年間の潮位の平均である。なんと１５０年も前の測量値が現在でも全国の海抜の基準となっている。その後、埋め立てなどで霊岸島での計測ができなくなり、現在は、神奈川県の三浦半島にある国土地理院の**油壺験潮場**の観測値を補正して、東京湾平均海面０ｍを導き出している。

標高の基準になっているのは**日本水準原点**である。日本水準原点は、１８９１（明治24）年、全国の水準測量の基点として、東京都千代田区永田町の憲政記念館構内の東京湾平均海面上２４・５０００ｍの地点に設置された。基準点の礎石は、地盤沈下の影響を受けない山の手台地の強固な地層に埋設された。しかし、それでも１９２３（大正12）年の関東大震災と２０１１（平成23）年３月の東日本大震災の際には地殻変動が観測され、水準原点の標高は２度改定されている。現在は、**東京湾平均海面上**

海抜の表示

標高の表示

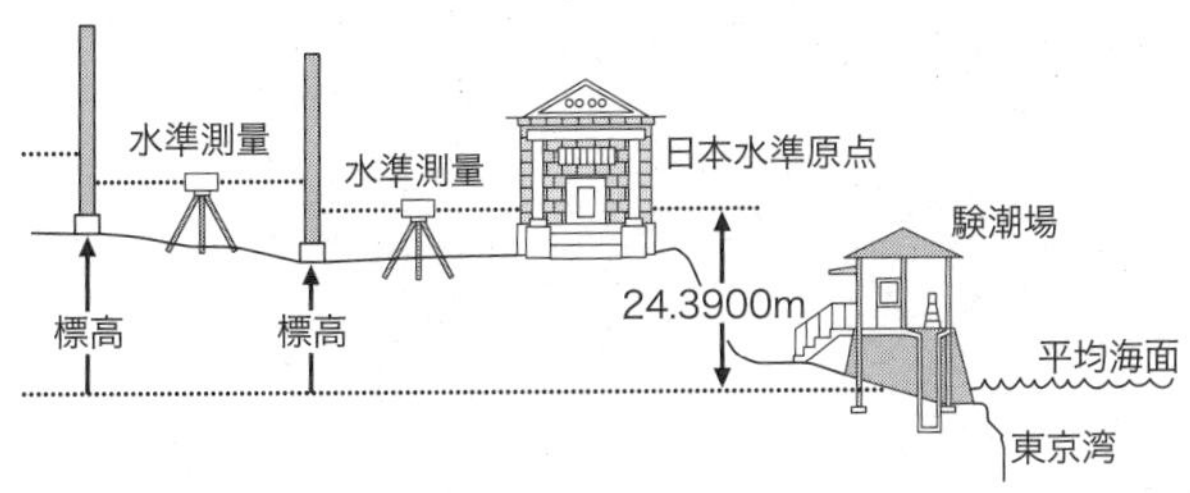

東京湾の平均海面と日本水準原点および標高の関係

日本の土地の高さ（標高）は、東京湾の平均海面を基準（標高0m）として測られている。東京湾の平均海面を地上に固定するために設置されたのが日本水準原点である。　資料：国土地理院

24・3900mという数値が日本水準原点の標高となっている。

つまり、海抜・標高と言葉は違っても、結局はどちらも東京湾の平均海面が根拠になっている。当然、どちらの数値も同じであり、2つの言葉にはその意味に違いはないということだ。

ただ、「海抜0メートル地帯」とか、東日本大震災以降に街中の標識に増えた「ここは海抜××メートル」など、平地や低地の場合は慣習として海抜を使うことが多い。国土地理院では海抜という表記は使わず、土地の高さは標高で表すことを原則としている。

離島の標高基準

各地の標高を正しく測量するため、東京の日本水準原点を中心に、全国の主要道路に沿って約2㎞ごとに設置された水準点がネットワークを形成して日本の国土を覆っている。しかし、伊豆諸島や沖縄などのように本土から広い海面で隔たった島々では、日本水準原点に基づかない独自の標高基準が設定されている。水準測量は2地点間の距離が遠く離れると測量が困難になるためだ。佐渡島では小木港、隠岐諸島は西郷湾、対馬は浅茅(あそう)湾、小笠原諸島は父島の二見港、沖縄は中城(なかぐすく)湾の平均海面が島内各地点の標高の基準となっている。

東京湾の平均海面が適用されている地域は、北海道・本州・四国・九州とその近辺の島々である。北海道は、津軽海峡によって本州とは約20㎞隔たっているが、青函(せいかん)トンネル内に設置された14か所の水準点によって日本水準原点と繫(つな)がっている。

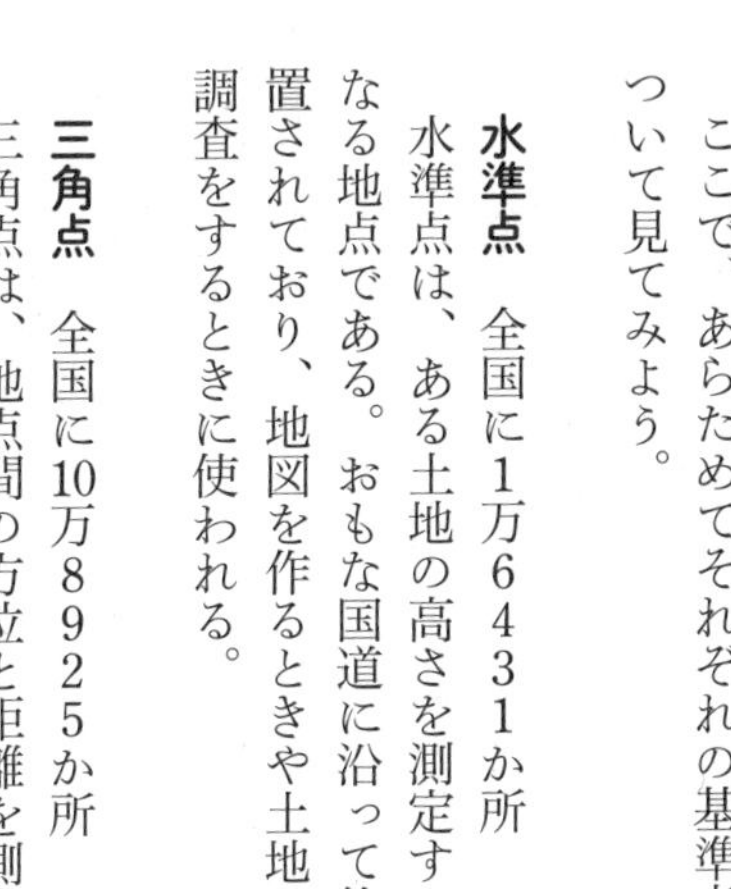

水準点と地図記号　三角点と地図記号

水準点と三角点の違い

ここで、あらためてそれぞれの基準点の使い分けについて見てみよう。

水準点　全国に1万6431か所

水準点は、ある土地の高さを測定するときの基準となる地点である。おもな国道に沿って約2㎞ごとに設置されており、地図を作るときや土地の隆起や沈降の調査をするときに使われる。

三角点　全国に10万8925か所

三角点は、地点間の方位と距離を測定するときの基準となる地点である見通しのよい山頂や丘陵に設置されることが多い。

電子基準点と地図記号

電子基準点　全国に１３１８か所

電子基準点は、ＧＰＳ技術を応用して正確な測量をおこなうために、国土地理院が全国に設置を進めている次世代の観測基準点である。高さが５ｍほどの金属製のタワーの上部にはＧＰＳ衛星からの電波を受信するアンテナ、内部には受信機と通信用機器等が格納されている。地殻変動の監視、各種測量の基準点として利用されている。

世界各地の標高基準

世界の場合はどうなっているのだろうか。広い国土を持つアメリカの場合、かつては国内に26か所も基準地点があった。しかし、測量技術が進むと、大西洋に面した東岸と太平洋に面した西岸では平均海面に１ｍも違いがあることが明らかになり、現在はカナダのケベックの平均海面を北米全域の標高の基準としている。

ヨーロッパでも、かつては各国が独自の基準で標高を決めていた。同じスカンジナビア半島のフィンランドとスウェーデンでは、国境を挟んで突然20㎝以上の差が生じるということがあった。現在は、オランダのアムステルダムの海面がヨーロッパ各国の標高の基準となっている。ただ、アムステルダムの海面は日本と同義ではなく、夏の高潮時の海面を採用している。海面下のポルダー（干拓地）が国土の4分の1を占めるオランダでは、海面の位置は国家の命運にかかわるためだ。

これまで、世界の国々は各国独自の測量基準を設けていたが、今、世界共通の基準により測量する世界測地系への移行が進んでいる。標高についても、今後は、**ジオイド面**と呼ばれる全地球を覆う仮想平均海面を基準とし、衛星電波を利用した**GPS測量**が主流となるであろう。

4　天気・天候・気候の違い

天気・天候・気候

「北海道はどのような□□ですか？」

□□に当てはまるのは天気・天候・気候のうちどれが適切だろうか？　この設問ならばどの言葉をあてはめても正解である。

「明日の北海道はどのような□□ですか？」

それでは、これならばどうだろうか？

正解は天気である。天候と気候はあてはまらない。なぜなら明日と限定されているからだ。天気・天候・気候という言葉は、どれも特定の地域の気象状態を表す言葉だが、その違いは時間にある。

天気とは数時間から1日の気象状態をいう。「九州地方の10日の天気は、晴れのち曇りでしょう」「9月1日午前9時の東京の天気は、雨、気温25度、風向きは北北西の予想です」などの使い方をする。

天候は天気よりも時間が長くなり、数日から数か月程度の気象状態をいう。「1月下旬の天候は豪雪が心配される」「先月前半の天候は40度近い猛暑日が続いた」などの使い方をする。

気候とは毎年繰り返される平均的な気象状態をいう。「北海道は梅雨のない気候だ」「瀬戸内地方の気候の特色は、雨が少なく、晴れの日が多いことだ」などの使い方をする。

したがって、「今朝の天候は雨である」とか「4月上旬の天気は晴れが続き、お花見に最適だ」などは混同しがちな言い方だが、このような表現はおかしい。

もう一つ、同じような意味で使う**気象**という言葉がある。気温・気圧・風・湿度など大気の状態と、その結果、大気中で起こる雨や雪などの現象、さらに雨上がりに数分間現れる虹から地球規模のジェット気流まで、大小の様々なすべての大気現象が気象である。

日本の気候

南北に距離の長い日本は緯度の差が大きく、亜熱帯から冷帯まで変化に富んだ気候が見られるのが特色である。**冷帯**に属する北海道には、積雪日数が1年の半分を超える地域があり、オホーツク海では春先に流氷が見られる。

亜熱帯の沖縄は雪の降ることがなく、サンゴ礁の海が広がり、パイナップルやサトウキビなど熱帯性の作物が栽培されている。

温帯に属する本州から九州の気候も、季節風や海流の影響で太平洋側と日本海側では大きな違いがある。太平洋側の地方は夏に雨が多く、冬は晴れの日が多いが、日本海側の地方は、冬には世界有数の積雪地帯となる。

一国の中にこのように多様な気候が見られる国は日本以外にはほとんどない。日本よりはるかに広い国土を持つロシアやカナダは流氷を見ることはできるが、サンゴ礁の海は見られない。オーストラリアはサンゴ礁の海は見られるが、流氷は見られない。

地域別の気候区分

日本の土地ごとの気候区分について、地図を参照しながらもう少し詳しく見てみよう。

❶北海道の気候
冷帯（亜寒帯）に属し、梅雨はほとんどなく、降水量が少ない。1年を通じて本州より気温が低い。夏は短く、冬は長く寒さが厳しい。

❷日本海側の気候
冬は日本海で大量の湿気を含んだ北西季節風の影響により雪が多い。

❸太平洋側の気候
夏は太平洋から吹く南東季節風の影響で高温多雨となる。冬は乾いた北西季節風が吹き、晴れの日が多い。

❹中央高地の気候
内陸性の気候。夏と冬、昼と夜の気温差が大きく、降水量は1年を通じて少ない。

❺瀬戸内の気候
夏冬とも季節風が山地にさえぎられるため、降水量は少なく晴れる日が多い。冬も温暖である。

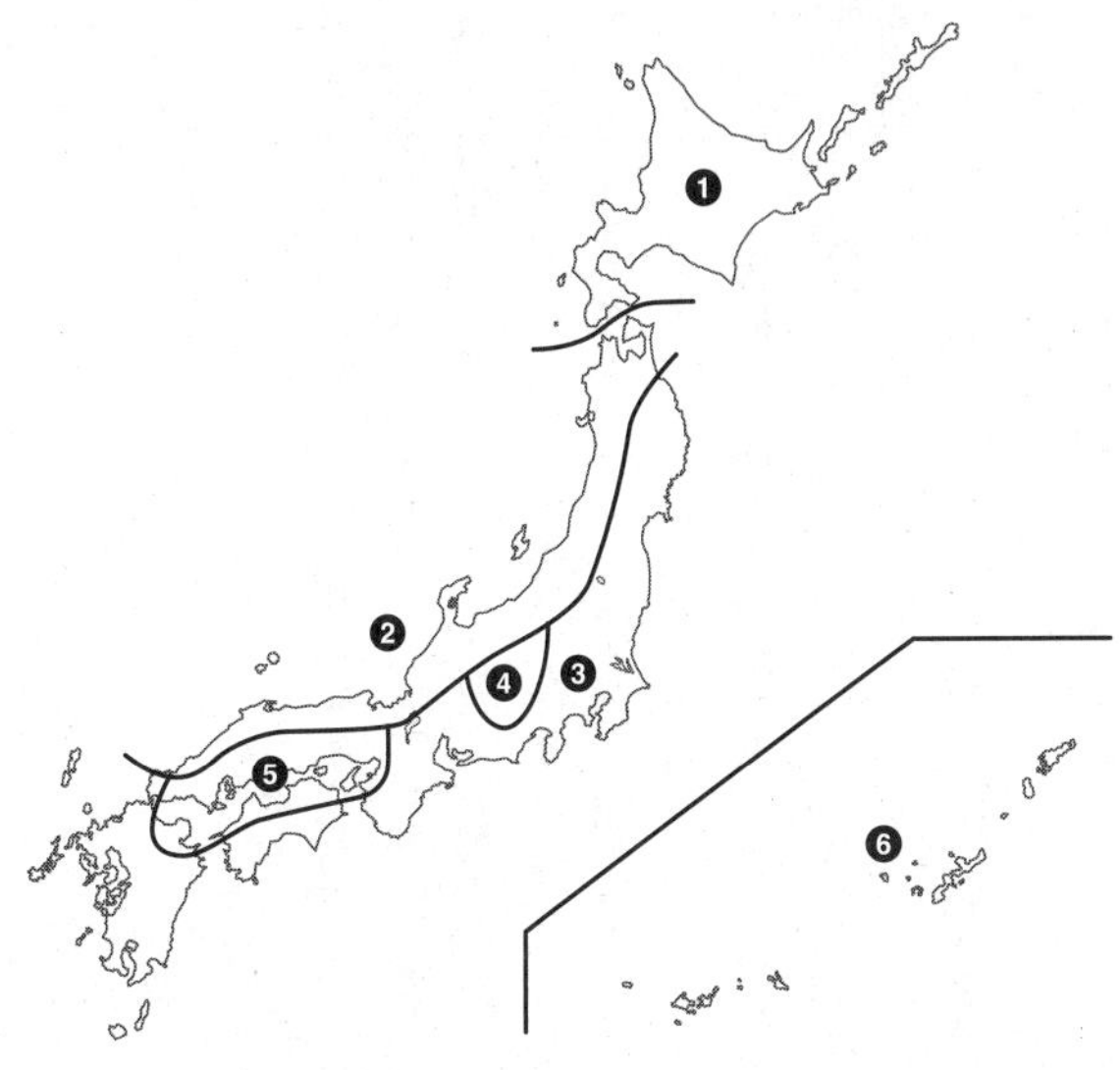

地域別の気候区分

❻南西諸島の気候
亜熱帯の気候に属し、1年を通じて、気温が高い。雪は降らないが、台風の進路に当たることが多い。

5 食糧と食料の違い

食料とは食べ物全般、**食糧**とは米や麦などの主食となる穀物を指す。これが一般的な解釈だが、食糧が主食物を指すのに対し、食料は肉や魚、野菜、調味料等の主食以外の食品をいう場合もある。また、食糧の「糧」は「かて」とも読み、人が生きるために必要な食べ物という意味を持ち、広義には食糧も食べ物全般を指している。食料と食糧、まったく同義ではないが、明確に使い分けられているわけではない。

さらに、一般的・日常的にいう場合には「**食料**」、政治的・経済的な観点からいう場合には「**食糧**」を使う傾向もある。これを具体的な事例で見ると、食料品・携帯食料・生鮮食料・食料費などは「食料」、食糧支援・食糧危機・食糧難などは「食糧」が使われている。

ショクリョウ自給率という場合は、農水省は**食料自給率**と表記しているが、**食糧自給率**を使う例も見受けられる。ショクリョウ問題の場合は、外務省では両方を使っており、大手の新聞社でも、**食料問題**と表記する社と**食糧問題**と表記する社に分かれている。

6　促成栽培と抑制栽培の違い

促成栽培

促成栽培とは、温暖な気候やビニールハウスなどの施設を利用して、農作物の生育や収穫を早める栽培方法をいう。南九州・南四国・房総半島など温暖な地方でさかんで、ナス・ピーマン・キュウリなどを生産している。ふつうの露地栽培よりも早い時期に出荷できるため、高い価格で販売することができるのがメリットだ。ただ、高く販売できるとはいえ、設備費や光熱費がかさむため、露地栽培よりも生産経費が高く、そのまま収益に繋がるわけではない。ハウス栽培には冬季の暖房が欠かせないが、とりわけ重油価格の変動は経営収支に大きな影響を及ぼす。あるハウス農家の事例だが、10aのハウス内の温度を13度に設定し、暖房機を1日8時間稼働させると100リットルほどの重油を消費するという。一晩で家庭用のポリタンク5・6個分、約1万2000円の出費だそうだ。低価格の外国産の野菜の輸入が増えていることもハウス農

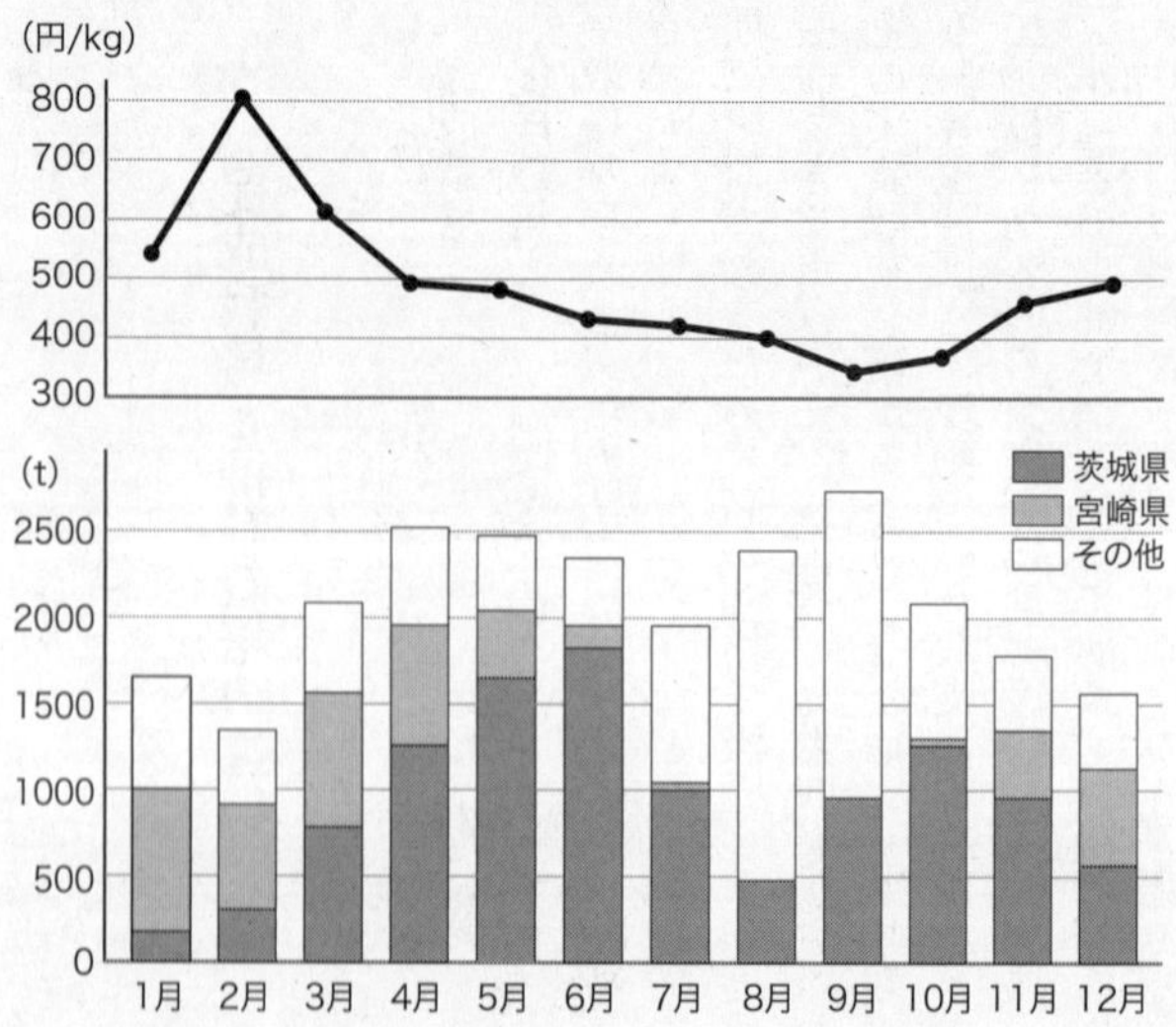

東京中央卸売市場におけるピーマンの入荷量と価格の推移（2022年）
資料：東京中央卸売市場

家には脅威だ。

抑制栽培

促成栽培とは逆に、冷涼な気候を利用して作物の生育や収穫時期を遅らせ、露地栽培の生産が落ち込む夏場に出荷する栽培方法を**抑制栽培**という。夏でも冷涼な気候の中央日本の高冷地が主産地で、生育期間の短いキャベツ・レタスなどの葉菜類を中心に栽培している。これらは**高原野菜**と呼ばれている。

八ヶ岳東南麓の標高1300〜1400mに広がる

長野県南牧村の野辺山地区は10 haを超える広い農地を経営する農家が多く、早くから高原野菜の産地として発展してきた。野辺山地区と隣接する長野県川上村や群馬県西部の嬬恋村(つまごい)も国内有数の高原野菜の産地として収益の高い農業が行われている。

産地が高冷地に限られているのは、促成栽培の場合は太陽光や重油によってハウス内を暖房するが、冷房は電気でしか行えず、冷房設備を使ったハウスの抑制栽培は技術面・採算面で制約が大きく、従来は無理と考えられていたからである。

しかし、近年、新しい栽培方法が注目されている。それは**雪冷房システム**を応用したハウス栽培だ。雪冷房システムとは、冬に降った雪を貯雪槽に蓄え、夏になると冷房に利用する雪冷房と思えばわかりやすい。設備さえつくれば、ランニングコストは格段に安いため、北海道や東北地方ではすでに公共施設や貯蔵施設の冷房には実用化されていたが、近年、このシステムを利用して冷房したハウス内でのイチゴやシイタケなどの抑制栽培が各地で始まっている。

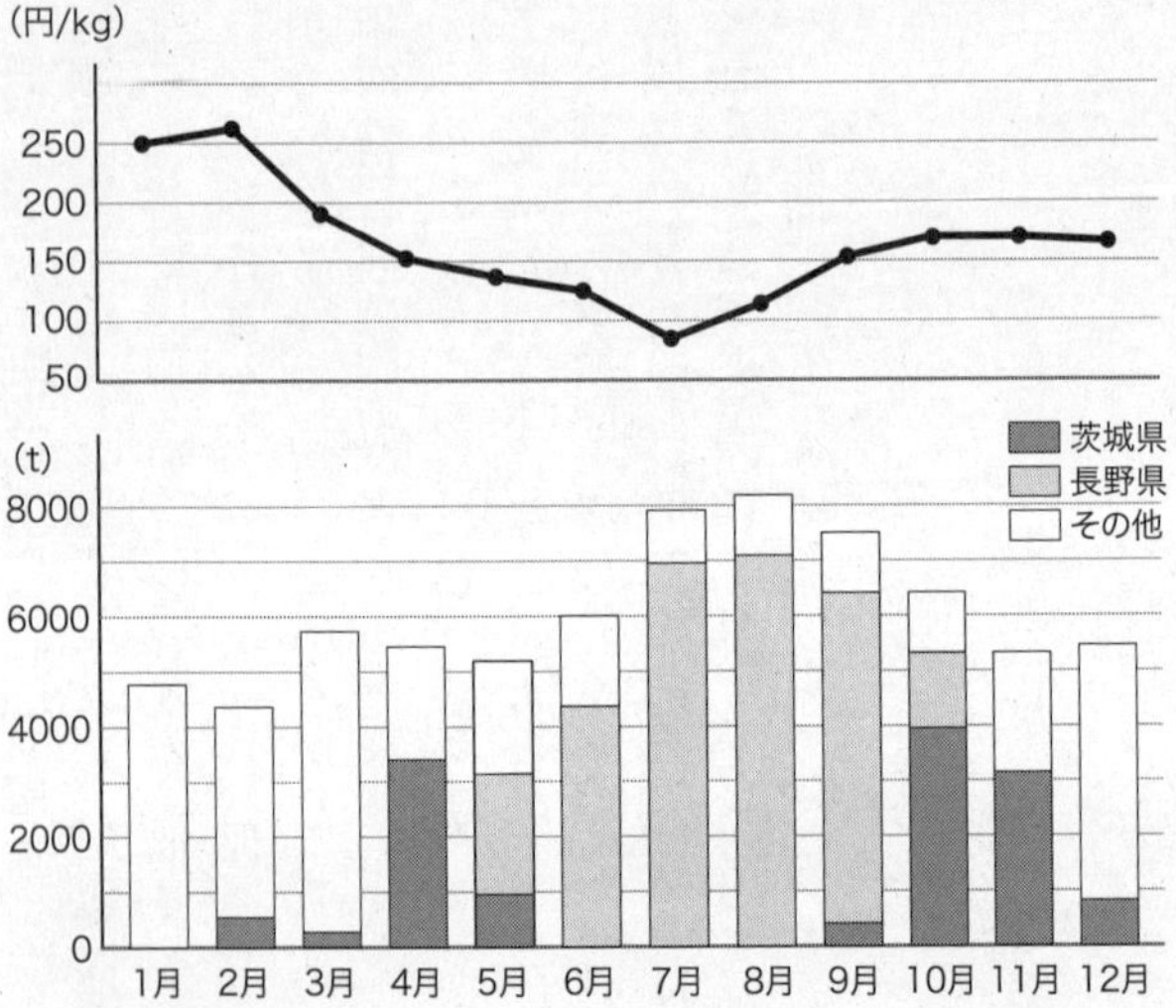

東京中央卸売市場におけるレタスの入荷量と価格の推移（2022年）

資料：東京中央卸売市場

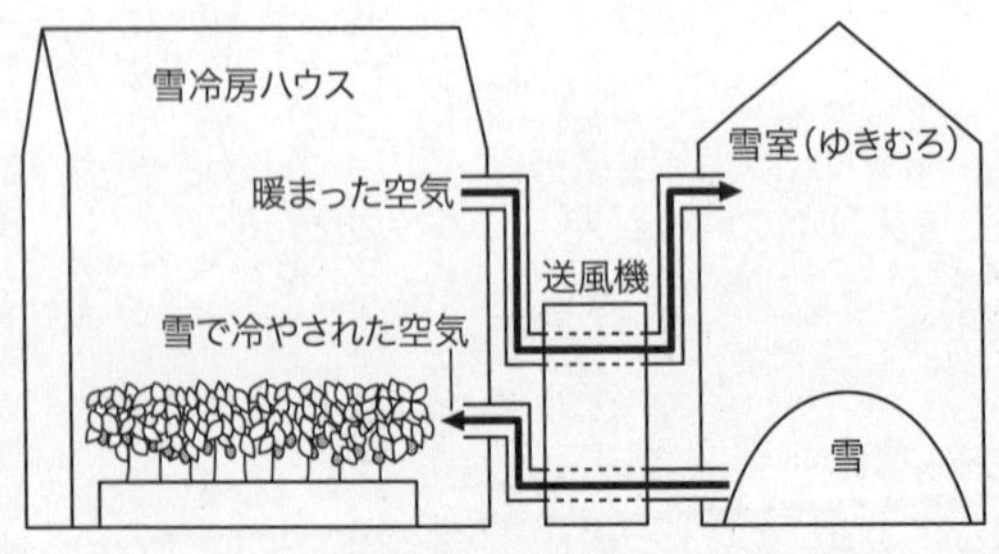

雪冷房ハウスのしくみ

7　稲と米の違い

稲とはイネ科の一年草で、植物の名である。**米**はその稲の実、つまりいわゆる米粒のことだが、植物としての稲を米と呼ぶ場合もある。米を炊きあげると**飯**（めし）や**ご飯**（はん）といい、すし屋では「しゃり」とも呼ぶ。

また、麦・野菜類・芋類など米以外の作物を栽培する農地はすべて畑と呼ぶのに対し、米を栽培する農地に限って**田**と呼ぶ。日本語にこれほど米に関する特別な呼び方があるのは、米がそれだけ暮らしや文化の中で日本人と深い関わりを持ってきたからだ。ちなみに英語では、米も稲も飯もライス（RICE）である。

18世紀のイギリスの経済学者アダム・スミスは、著書『国富論』のなかで、「水田は、他のどの穀物畑よりもはるかに多くの食糧を生産する」と述べている。米は単位面積あたり豆の2・7倍、小麦の1・7倍の収穫ができる。米の優秀性は何よりも土地生産性が高いことであり、だからこそ1億2000万人もの日本人の食生活を安定維持させることができるのである。中国やインドなど世界の人口大国に米を主食とする国が多いのもそのためだ。さらに、毎年、水が栄養分を補充する水田は、地力が低下することがなく他の作物ではできない連作が可能なことも優秀性の一つだ。

近年は、食の洋風化にともなうコメ離れの進行が懸念されているが、日本人と米の関わりはそうたやすくはなくならないだろう。

8 二期作と二毛作の違い

「期」は「一区切りの月日」という意味。では、「毛」にはどんな意味が？

二期作とは1年間に同一の耕地で同じ作物を2回栽培すること、**二毛作**とは1年間に同一の耕地で2種類の作物を時期を変えて栽培することである。ただ、二期作という場合は、一般に**稲作**に対してそう呼んでおり、二期作がさかんな中国華南や東南アジアでは、4～6月頃と11月頃の2回、米を収穫する。メコン川やガンジス川のデルタ地帯やジャワ島などでは、さらに1年間に米を3回収穫する**三期作**も行われている。

日本では、１９７０年頃まで気候の温暖な高知平野などで二期作が行われていた。1度目は7月頃に収穫するが、これは台風シーズンを避けるという意味もあった。ただ、1971年から2018年まで実施された減反政策のため、現在はほとんど見られなくなった。

二毛作は、一般には初夏から秋にかけて**表作**として米を栽培し、残りの期間に**裏作**として麦や野菜などを栽培する農業のことをいう。水田単作地帯の日本海側の地方を除き、かつてはどこでも見られたが、兼業農家が増えた現在では、裏作をしない田が多い。

大都市周辺の近郊農業地帯では三毛作や四毛作の野菜栽培が見られる。ちなみに、室温や日照などを完全管理しているある野菜工場の場合、水耕栽培によってレタスなどを年間に25毛作で生産しているというから驚きだ。

最後に二毛作の語源だが、「不毛」という言葉に使われるように「**毛**」という漢字には「作物ができる」という意味がある。

9　野菜と果物の違い

トマトは果物だろうか、それとも野菜だろうか？

18世紀末のアメリカで、トマトの輸入業者が農務省を相手にトマトは果物だと主張し、裁判を起こした。当時のアメリカでは、輸入の際に果物は課税されなかったが、野菜には10％の関税が課せられていたため、税金を免れようとしたのだ。農務省はトマトは野菜であると反論、両者は譲らなかったが、結果は輸入業者の負け。トマトはキュウリやカボチャと同じように野菜畑で育てられ、また、トマトは食事中に出され、デザートにはならないというのが判決理由だ。畑で作るのが**野菜**、木などになる果実が**果物**という解釈だ。

それでは、イチゴやメロンはどっちだろう？ どちらも木になる果実ではないが、かといって誰も野菜とは思っていない。農水省は統計上、野菜について次のように定義している。

1 田畑で栽培されること
2 副食物であること
3 加工を前提としないこと（例：こんにゃくなど）
4 草本性(そうほん)であること

果物は木本性(もくほん)などの永年作物であり、果樹として分類している。そのため、イチゴ、メロン、すいかは農水省の生産や出荷の計上は野菜である。しかし、一般人の感覚や利用法は果物だ。専門用語ではこれらを**果実的野菜**と呼んでいる。

10　漁業と水産業の違い

漁業とは、食用目的に魚介類を捕獲や採取する産業のことをいう。つまり、船を出して魚を捕(と)るだけではなく、海に潜ってサザエやアワビを獲(と)るのも、海苔(のり)やホタテ貝を養殖するのも漁業なのだ。漁業と同じような意味で水産業という言葉もよく使われる。しかし、水産業という場合はもっと範囲が広い。**水産業**とは、魚介類など水産物全般の取り扱いに関わる産業すべてを指す総称であり、漁業だけではなく、水産物の保管や出荷、販売、さらに水産物の加工なども含んでいる。水産物の水揚げに直接関わるのが漁業、水揚げする仕事に加え、流通や加工など水揚げ後の水産物に関わるすべての仕事が水産業である。

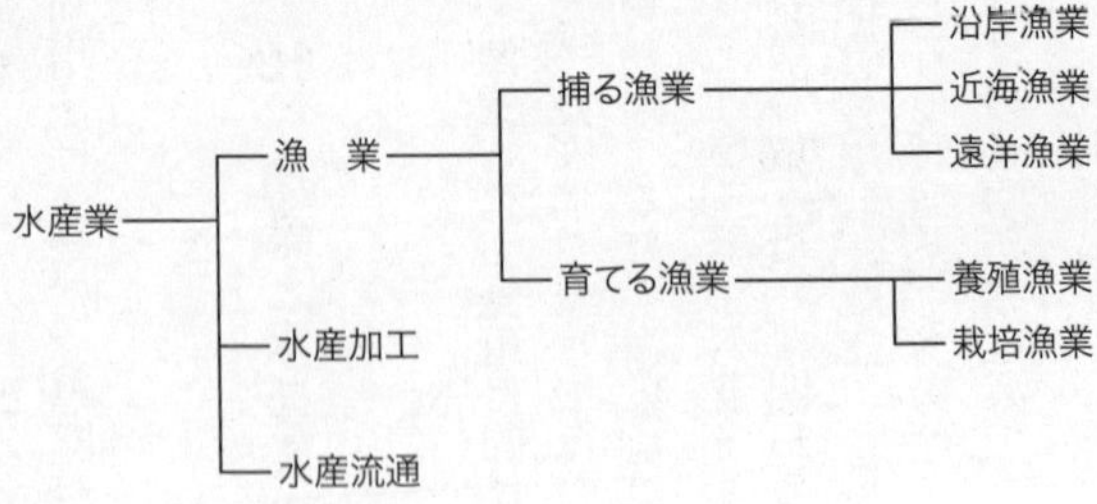

水産業と漁業の構図

捕る漁業から育てる漁業へ

漁業とは、本来は自然の生態系の中の魚や貝を捕る粗放的な事業であり、自然の再生産力に依存した産業である。人類はその誕生以来、海や川があればどこでも魚や貝を捕り続け、その資源が有限であるとは誰も考えていなかった。しかし、世界各国の漁業は飛躍的に発展し、世界全体の漁獲量は過去50年で2倍以上に増え、ＦＡＯ（国連食糧農業機関）は世界の水産資源の３分の１は乱獲状態であると警告している。無限のようにあると考えられていた水産資源が、ようやく有限であると認識されるようになった。

そのため、近年は「捕る漁業」だけでなく魚介類の生育環境を人間が管理し、育成する集約的な「育てる漁業」が、重視されるようになった。日本でも、限られた水産資源を守り、生産を安定させるため、「**捕る漁業から育てる漁業へ**」の転換を進め、全国各地で養殖漁業や栽培漁業の振興に積極的に取り組んでいる。

養殖漁業

卵や稚魚を出荷するまで、いけすの中などで人の手で育てるのが**養殖漁業**である。養殖によって、国内でもっとも多く生産されているのはハマチやカンパチなどブリ類の魚である。回転寿司で我々が口にするハマチは養殖ものと思ってまず間違いはない。回転寿司の一番人気のサーモンも、ノルウェーなどで養殖された魚だが、実はおにぎりの具として好まれるサケとは別の魚である。

ただ、養殖漁業の発展には人間の食欲が根底にあり、そこには矛盾や問題点があることも見落としてはならない。マグロ養殖の場合、海で20～30㎝ほどの幼魚を捕まえてきて、数年かけて60～80kgになるまで育てて出荷する。その大きさまで育てるには相当量のエサが必要だが、問題なのはそのエサがイワシやサバなど結局は他の魚であることだ。1kgの肉を生産するのに何kgのエサが必要かという割合を**増肉係数**という。マグロではおよそ15、つまり60kgのマグロ1匹を育てるのに約1tの餌が必要なのだ。イワシの数に換算すると約1万匹のイワシをエサとして与えることになる。つまり、多くの人が食べたい魚を育てる

おもな魚の増肉係数

マグロ	15.0
ヒラメ	4.0
ブリ	2.8
マダイ	2.7
サーモン	1.2

資料：水産庁他

ために、その何倍もの量の他の魚をエサにして与えているのが養殖漁業と言える。国内で漁獲されるイワシのうち、食用に向けられているのは22％に過ぎない。

栽培漁業

卵からふ化させて、ある程度まで成長させると、自然の海や川へ放つのが**栽培漁業**である。多くの魚は1尾のメスが何万、何十万というたくさんの卵を産むが、卵や稚魚の時期にその多くが大きな魚に食べられてしまう。何十万個の卵から成魚になるまで生き残るのはわずか数尾しかいない。そこで、生存率が低い卵から稚魚の時期に、いけすなどで人間が大事に育て、成長した稚魚を海や川に放ち、自然の中で大きくなった魚を獲るのが栽培漁業だ。

もっとも成果が著しいのはサケである。１９６０年代の高度経済成長期には、海や川の水質悪化によって全国の河川に来遊するサケの数は５００万尾ほどに減少していた。しかし、その後の水質改善と稚魚の放流事業の推進によって、今では秋になると毎年４０００〜６０００万尾のサケが各地の川を遡上(そじょう)するようになった。

サケの他には、魚類ではヒラメ、マダイ、ニシン、トラフグ、カレイなど、貝類ではアワビ、ホタテガイ、アサリなど、他にクルマエビやイセエビ、ウニやナマコなど約80種類の魚介類が栽培漁業の対象となっている。

11　和牛と国産牛の違い

オーストラリアのシドニーやメルボルンのレストランでは和牛の霜降り肉のステーキがグルメ通の人気を集めているそうだ。日本の和牛肉の輸出は、2022年には7454トン、この10年で8・6倍の急成長だ。しかし、オーストラリアで人気の和牛肉は日本から輸入したものではない。和牛というより正しくは「WAGYU」、オーストラリア産である。どういうことだろうか。

和牛とは、日本の在来種を食肉用に改良した牛のことをいう。松阪牛や近江（おうみ）牛として生産される**黒毛和種の但馬（たじま）牛**はその代表である。つまり、和牛は牛の品種を表した言葉で、産地が日本という意味ではない。日本人の両親を持つ子どもは日本で生まれようと、外国で生まれようと出生地に関係なく日本人であることと同じだ。

オーストラリアでは、1990年代に日本からアメリカを経由して和牛が輸入され、90年代末には本格的な肥育が始まった。現在では数百の牧場で30万頭の和牛が飼育されている。オーストラリア産の和牛肉は、海外へも輸出されており、その量は年間約

4万トン、日本産の輸出量よりはるかに多く、日本産和牛を海外では「Japanese Wagyu」とせざるを得ないという。

しかし、日本人の素朴な感覚ではオーストラリア生まれでオーストラリア育ちの牛を和牛というのは違和感がある。2007年、農水省は流通上の混乱を避けるため、「和牛」として販売する際には、国内で出生し、国内で肥育された牛でなければならないという要件を定めた。したがって、たとえ同じ品種であっても、日本国内では外国産の和牛を「和牛」と表示して販売することはできず、その場合は**輸入牛**という分類になる。

国産牛とは、国内で出生し、国内で肥育された牛、または外国で生育されても、日本でもっとも長く育てられ、日本国内で食肉加工された牛のことである。つまり、アメリカであれ、オーストラリアであれ、どこの国で生まれようと、またどんな品種の牛であろうとにかく肥育期間の一番長い国が日本ならば国産牛なのだ。実際に国産牛と表示されるのは、和牛ではなく、ほとんどは乳用ホルスタイン種である。搾乳できなくなった老牛や雄牛などが肉牛として利用されているのである。

なお、近江牛や松阪牛のように銘柄牛と呼ばれる牛は、生産団体が独自の基準を定め、東京を除く全国46道府県にあり、その数は320を超える。

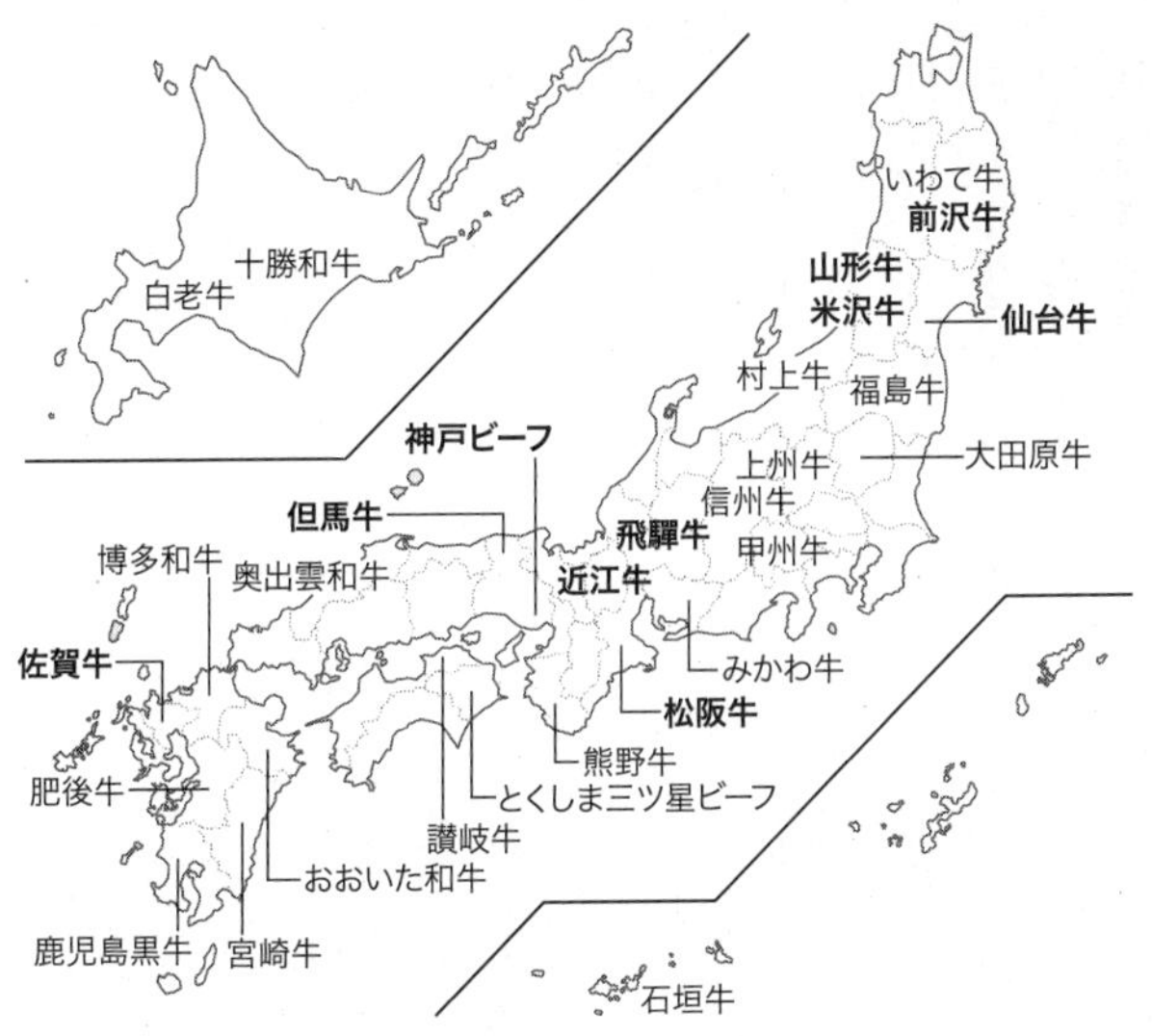

全国のおもな銘柄牛

太字は、「肉の通販ガイド」HPによる銘柄牛の人気ランキング上位10傑

12 工業地帯と工業地域の違い

京浜・中京・阪神・北九州の4か所だけをどうして工業地帯と呼ぶのだろうか？ルール工業地帯（ドイツ）やニューイングランド工業地帯（アメリカ）など、世界の場合は工業地帯と呼んでいるが、日本で工業地帯と呼ぶのは、いわゆる**四大工業地帯**つまり**京浜・中京・阪神・北九州**の4か所だけである。瀬戸内や関東内陸など他の地域は工業地域と呼ばれている。

工業地帯と工業地域を分ける定義のようなものはあるのだろうか？　生産額の多いのが工業地帯、少ないのが工業地域、単純にそう思いがちだが、日本の高度経済成長が始まる前の1950年代までならそれでも正解だっただろう。しかし、生産額だけを見るならば、今や北九州工業地帯は第9位、瀬戸内工業地域や関東内陸工業地域は1990年代までは全国1位を誇った京浜工業地帯を上回り、もはや工業生産額の多少では工業地帯と工業地域の違いは説明できない。

社会科教科書『新しい社会』を出版している東京書籍では、工場が集積した歴史的

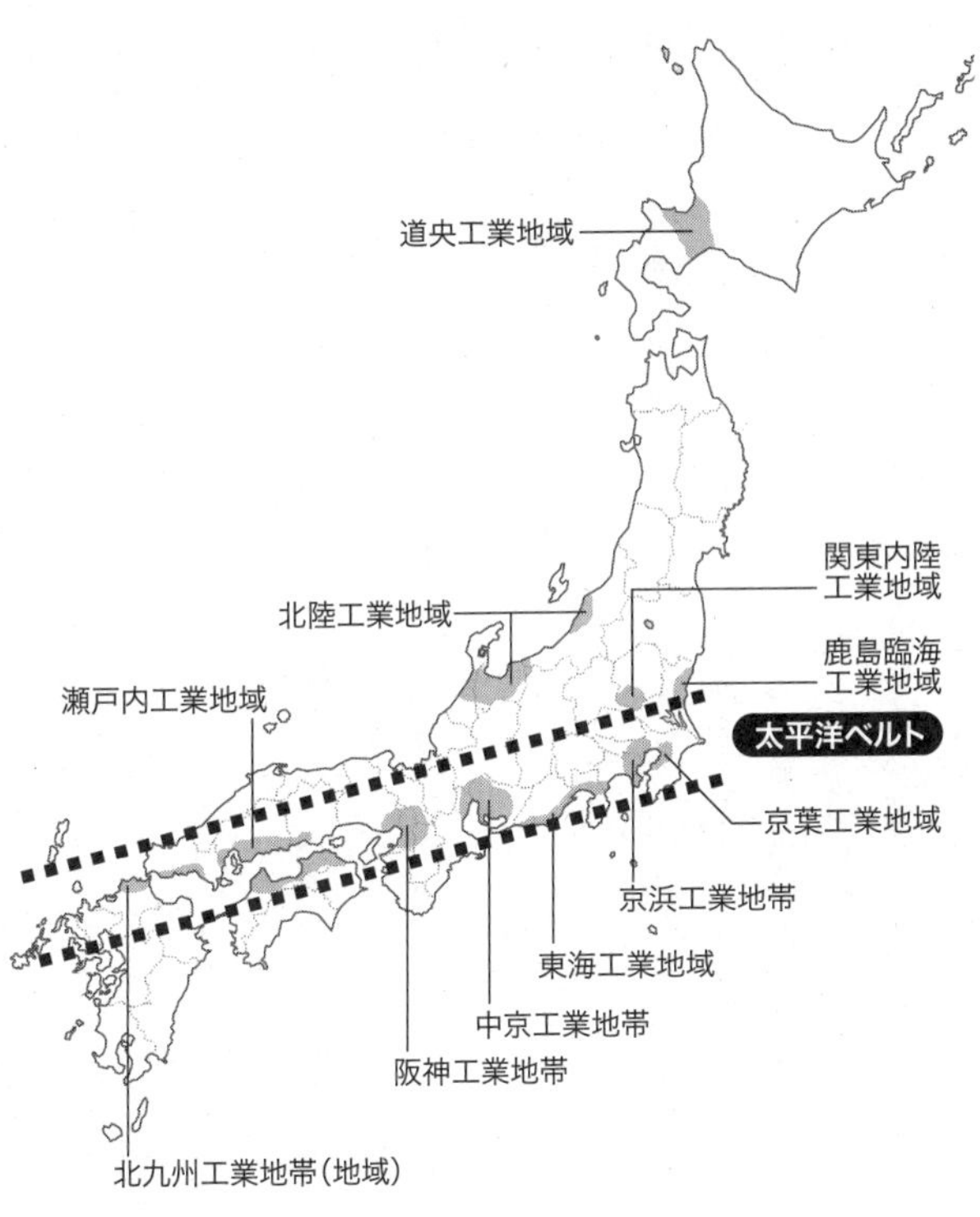

日本の工業地帯と工業地域

な展開、工業地の広がり具合や生産額の規模を考慮して、地帯と地域を区別すると説明している。『中学生の地理』を出版している帝国書院では、**工業地帯**は、戦前から昭和30年代の高度経済成長期までに形成された、京浜・阪神・中京・北九州についてのみ用いることが慣例となっており、高度経済成長期以降に形成された工業地については**工業地域**の呼称で呼び慣らわされていると説明している。

今でこそ日本のどこへ行っても近代的な工場を見ることができるが、明治以来、1世紀以上にわたって日本の近代工業を支えてきたのは京浜・中京・阪神・北九州の4地域である。戦前は、繊維を中心とする軽工業から製鉄や造船などの重工業まで、この4地域の工業生産が国内の大半を占め、四大工業地帯と呼ばれた。

日本が高度経済成長期に入ると、瀬戸内、東海、京葉などの埋め立て地にも鉄鋼や石油化学などの大工場が進出するようになった。ただ、それらは独立した工業地域ではなく、四大工業地帯の広域化にともなって発展したものであり、当初は生産規模もまだ小さかったので、先に成立した四大工業地帯とは区別して工業地域と呼ぶようになった。また、四大工業地帯と新興の工業地域は太平洋岸の臨海部に連続して立地しているため、総称して**太平洋ベルト**という新しい言葉も生まれた。

さらに半世紀を経た現在、日本の工業の基幹は重化学工業から自動車・電気機器・ICなどの加工組立型産業へ移行が進んだ。高速道路や空港などが整備されたことも

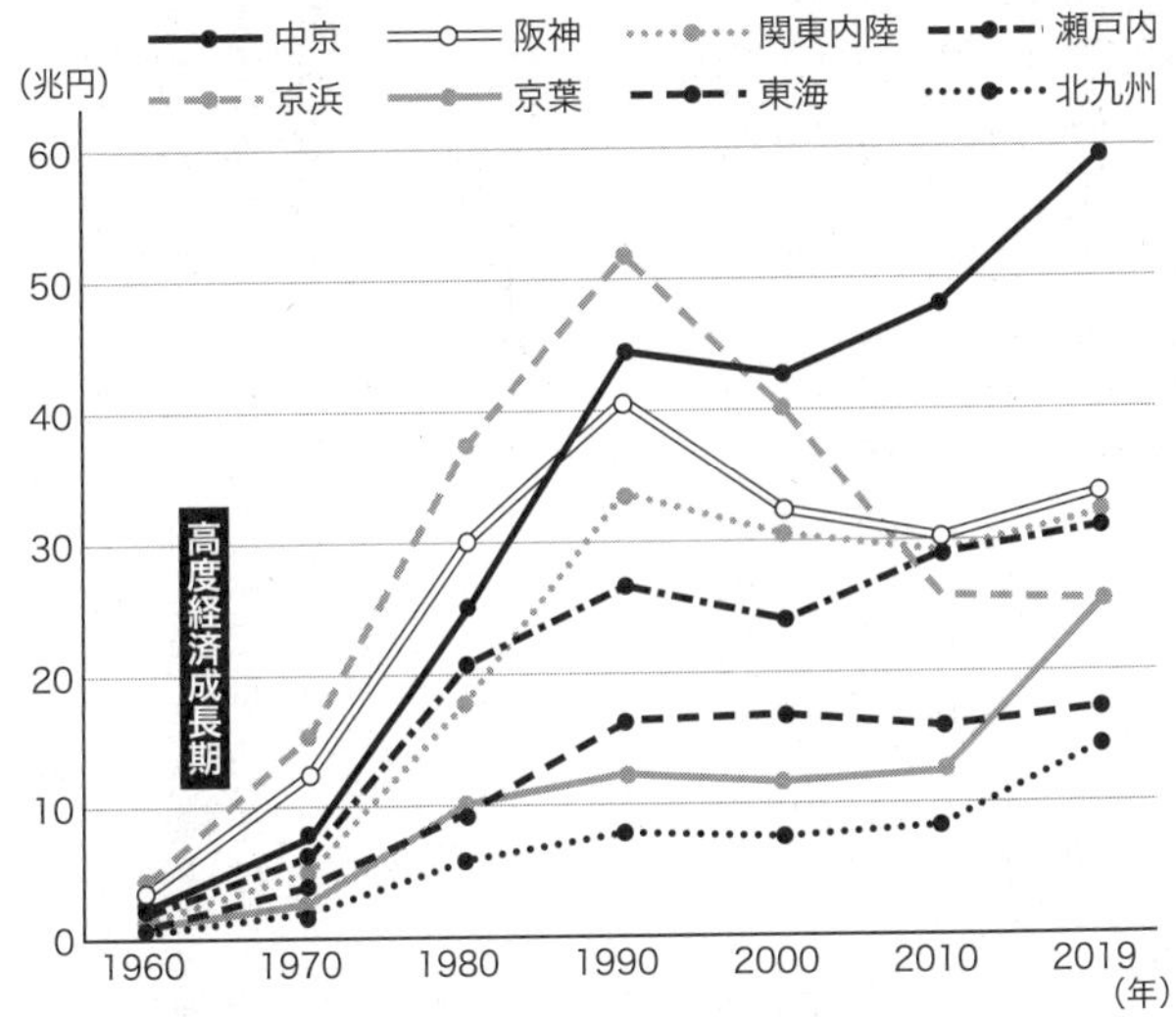

おもな工業地帯・工業地域の出荷額の推移

※工業地帯や工業地域の範囲は公式には定められておらず、工業生産額などの統計データを算出する際には、次の区分の都府県の数値を合算する場合が多い。

○関東内陸工業地域…栃木・群馬・埼玉
○京浜工業地帯…東京・神奈川
○京葉工業地域…千葉
○東海工業地域…静岡
○中京工業地帯…愛知・三重
○阪神工業地帯…大阪・兵庫
○瀬戸内工業地域…岡山・広島・山口・香川・愛媛
○北九州工業地帯…福岡

要因となって、工場は太平洋ベルトから内陸部や地方へも進出するようになった。その結果、四大工業地帯の生産額のシェアはますます低下し、工業地帯や工業地域という用語はもはや慣習的に使用しているだけになっている。また、長く使われてきた四大工業地帯という呼称についても、近年はとくに地位の低下が著しい北九州を除いて**三大工業地帯**の呼称が一般的になっている。

13 府と県の違い

京都と大阪だけを、なぜ県ではなく府と呼ぶのだろうか。学校でも教師を困らせる質問だ。現在では地方自治の行政機関としての府と県の権能には何ら差異はない。しかし、本来、府と県は意味が異なり、成立過程も違う。

まず意味だが、**府**という言葉には「太宰府」「幕府」「政府」などのように行政機関の中心という意味があり、**県**という言葉は古代中国の春秋時代から続く地方行政区画の制度に由来する。

江戸幕府は、直轄領（天領）のうち、長崎など重要な16か所に遠国奉行(おんごくぶぎょう)を配置していたが、1868（明治元）年、明治政府はこれを廃して、東京・京都・大阪・長崎・渡会（わたらい）（現伊勢市）・奈良・新潟・箱館・神奈川・甲斐（かい）の10か所に新たな統治機関として府を設置した。しかし、翌年には、府の呼称は京都・大阪・東京の3都市のみとし、他は県に改称される。天皇が住んでいた**京都**、経済の中心**大阪**、行政の中心**東京**の江戸時代には三都と呼ばれていた3都市を新政府も重視したのであろう。

そして1871（明治4）年、中央集権国家の確立のため、**廃藩置県**を実施し、開拓史が置かれていた北海道を除く3府72県（当初は302県）が発足した。

その後、東京は第二次世界大戦中の1943年に首都機能の強化のために都制へ移行した。なお、1882（明治15）年には、一時期だが北海道にも函館・札幌（さっぽろ）・根室の3県が設置されたことがある。

14　まち（町）とむら（村）の違い

ここでは地方自治体としての町や村ではなく、集落としての「まち（町）」と「むら（村）」の違いについて解説する。

人口の多いのが町、少ないのが村というように、人口の多少が町と村の違いだと思っている人が多いのではないだろうか。一概に間違いと断定はできないが、町と村には実はもっと明確な違いがある。

集落を意味する言葉に、「町」という漢字を含むものとして、**城下町・門前町・宿場町・港町**などがあり、「村」を含む言葉として、**農村・漁村・山村**などがある。しかし、これらの言葉の町を村、村を町へ置き換えることはできない。どんなに人口が少なくても宿場町であって宿場村ではなく、農町や漁町という言葉もない。

農林漁業つまり第1次産業を基幹とする集落が**むら（村）**、鉱工業や商業など第2次・第3次産業を基幹とする集落が**まち（町）**である。第1次産業を営むには、田畑にしろ、漁場にしろ、ある一定の広さが必要だが、第2次・第3次産業は土地の制約をほとんど受けずに成立し、限られた面積で多くの住民の生活を可能にする。また、第1次産業はどんなに人口が少なくても成立するが、第2次・第3次産業はある程度の人口の集中がなければ成立が難しい。その結果として、村よりも町の人口が多くなるわけである。

ちなみに、「まち」には**街**（まち）という漢字もあるが、街は、町の中の家屋の密集した一区画を指す。商店街、飲食街、住宅街、街路樹、街灯などの使い方をし、英語でいえばstreetのようなものだ。

15 関東地方と首都圏の違い

関東地方と山梨県

高校野球の関東大会には山梨県代表が参加する。中部地方の山梨県がなぜ関東地方の大会に出場するのだろうか？

関東地方とは、一般的には東京都・千葉県・埼玉県・神奈川県・茨城県・栃木県・群馬県の１都６県を指し、**首都圏**とはこの関東１都６県に山梨県を加えた１都７県をいう。

関東地方は、関東平野を中心に三方を１０００～２０００ｍ級の険しい山々に囲まれ、周縁部とは地勢上明瞭な区分ができる地域であり、すでに平安時代には「**坂東**（ばんどう）」、江戸時代には「**関八州**（かんはっしゅう）」などと呼ばれる広域文化圏を形成していた。現在でも関東１都６県は、東京を中心に交通・経済・文化などあらゆる面で密接に結びついた一体性を持った地域である。

山梨県の場合はどうだろうか。まず地勢を見ると、関東地方とは秩父や丹沢の山々

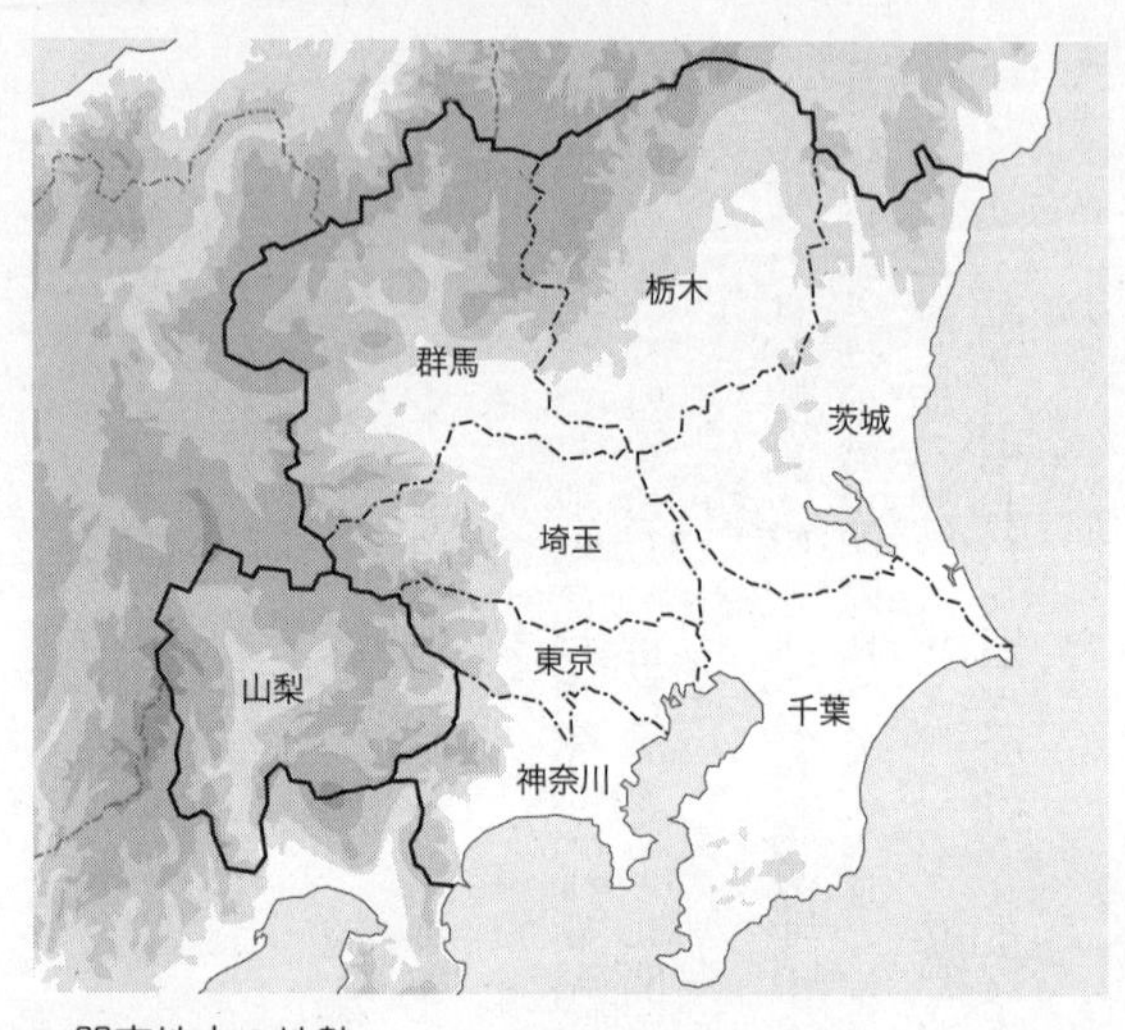

関東地方の地勢

で隔絶している。甲斐（かい）の国と呼ばれた江戸時代、甲州街道が江戸から通じてはいたが、甲斐へ向かうには急峻な小仏峠（こぼとけ）（標高548m）や笹子峠（ささご）（1096m）を越えねばならず、さらに小仏峠には関所が置かれており、人々の往来は決して活発ではなかった。交通が発達した現在でも、東京と隣接する千葉・埼玉・神奈川の3県からは、それぞれ80～100万人の人々が都内へ通勤・通学しているが、同じように東京と県境を接している山梨県内から東京都内への通勤通学者は1万人ほどにすぎない。

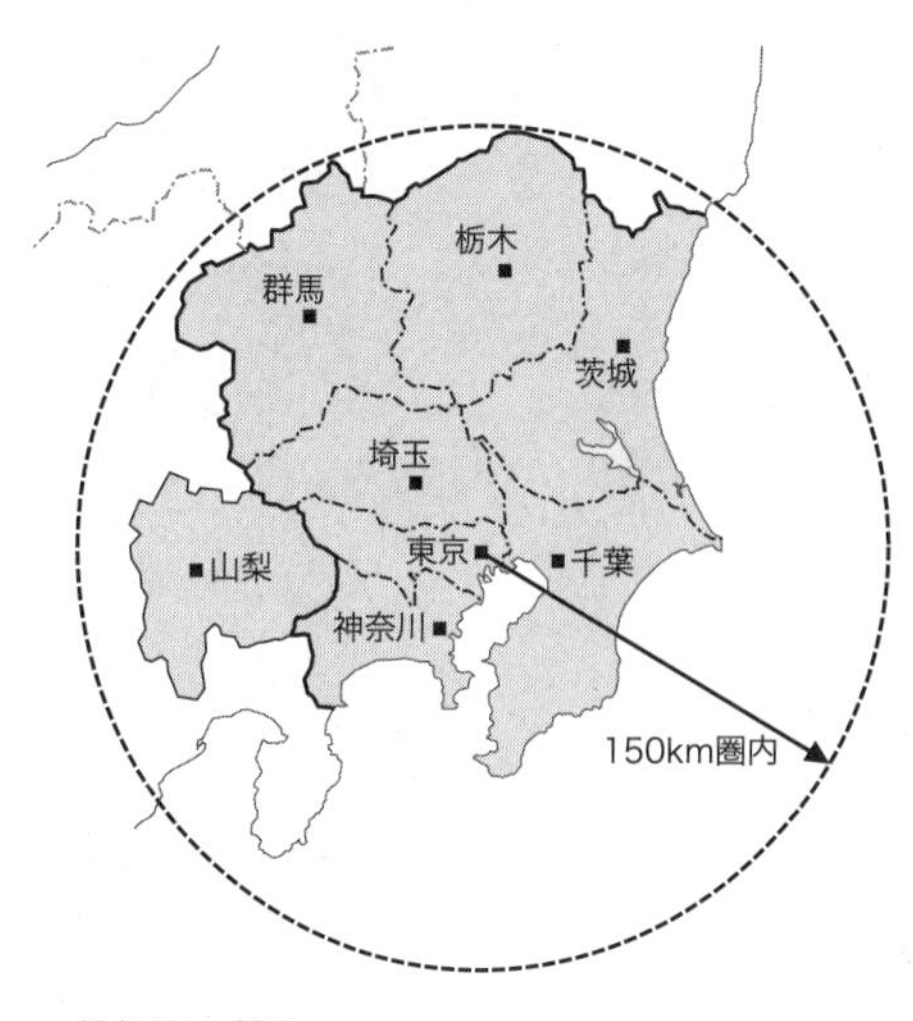

首都圏の範囲

なぜ、山梨県が首都圏に

明治以来、学校の授業で教えられてきた8地方区分では、山梨県は関東地方ではなく中部地方として扱っている。しかし、首都東京とその周辺地域の広域的・総合的な発展を図るため、1956（昭和31）年に制定された**首都圏整備法**では、「**首都圏**は東京を中心に半径約150km圏内の地域」と定義され、東京・茨城・栃木・群馬・埼玉・千葉・神奈川とともに、山梨県全域がすっぽり首都圏に含まれている。

行政面から見てみよう。たとえば、総務省は全国を10ブロックに区分し、それぞれに総合通信局を

○総務省　関東総合通信局
○春季関東地区野球大会
（秋季は東京地区は不参加）

○関東管区　警察局
○東京高等裁判所

○気象庁　関東甲信予報区

○農水省　関東農政局管轄地域

関東地区の行政区分の事例

設置しているが、山梨県は関東総合通信局の管轄下にある。高等裁判所や天気予報の地方予報区など他の官公署についても、山梨県は行政的にはすべて関東に属している。衆議院選挙の比例区も山梨県は**南関東比例区**に属し、スポーツの場合も山梨県の高校や大学は**関東大会**に参加する。

地勢的には、確かに山梨県は関東地方の外側に位置するが、県庁所在地の甲府までJR特急で新宿から約1時間半であり、都心からの所要時間は前橋・宇都宮・水戸など北関東の諸都市とほとんど変わらない。リニア新幹線が開通すれば東京―甲府間はわずか25分、むしろ北関東よりも近くなる。山梨県と東京を中心とする関東地方との結びつきは今後もますます強まるだろう。

16　近畿地方と関西地方の違い

近畿地方ってどこ？

大宝律令といえば高校入試では頻出用語だが、近畿という言葉の起源は、この大宝律令が制定されたおよそ1300年前まで遡る。律令体制を整えるために朝廷は全国を七道と呼ぶ7地域に行政区分し、都の周辺地域は畿内と呼ばれた。**畿内**とは都を中心とする山城・大和・河内・和泉・摂津の5か国を指し、これは現在の奈良県・大阪府の全域、京都府南部・兵庫県東部にあたる。この畿内に近接する地域が**近畿**である。明治以降、学校教育で全国の8地方区分が定着すると、大阪・京都・滋賀・三重・奈良・和歌山・兵庫の2府5県が**近畿地方**と呼ばれるようになった（80頁参照）。

しかし、運輸局や財務局など近畿地方を管轄する国の出先機関を見ると、大阪・京都・滋賀・奈良・和歌山・兵庫の2府4県を管轄エリアとしている場合が多く、三重県は含まれていない。高校野球やインターハイの近畿大会にも三重県代表は参加しない。

最近は、**近畿圏**という言葉もよく使われる。国土の整備・保全を目的とする国土形成計画の一環として、国交省のイニシアチブのもと**近畿圏広域地方計画**と呼ばれる事業が進められている。この計画が対象としている近畿圏とはやはり三重県を除いた2府4県である。ところが、京阪神を中心に経済・文化の発展をめざす**近畿圏整備法**では、三重県とさらに福井県を加えた2府6県が近畿圏として指定されている。近畿地方あるいは近畿圏の範囲については、首都圏のように統一された定義がないわけだ。

なお、関連する自治体が提携して広域行政を推進するための協議組織である近畿ブロック知事会や中部圏知事会には、滋賀・三重・福井県の境界地域の3県は両方の知事会に参加している。

○近畿ブロック知事会（大阪・京都・奈良・滋賀・和歌山・兵庫・三重・福井・鳥取・徳島）

○中部圏知事会（愛知・三重・岐阜・静岡・福井・石川・富山・長野・滋賀）

関西ってどこ？

関西の範囲は三関（さんげん）より西（76頁参照）、つまり本来は三重県を含まず、大阪・京都・滋賀・奈良・和歌山・兵庫の2府4県である。しかし、これも慣習的な概念で明確な定義はなく、関西と近畿はほぼ同じ範囲と考えて差し障りはないだろう。

ただ、近畿○○局などの行政機関や大会などの公的な名称の頭に付くのは、関西ではなくほとんどが近畿だ。逆に、関西人・関西風・関西弁という言葉はあるが、近畿人・近畿風・近畿弁などとはいわない。**近畿は行政面の地域名、関西は文化面の地域名**と、慣習的に使い分けられているようだ。かつてNHK大阪放送局が製作する「おはようきんき」「ウィークエンドきんき」という地域情報番組があったが、現在は「おはよう関西」「ウィークエンド関西」と番組名が変更されている。NHKも近畿はお役所的なイメージが強く、関西のほうが親しみやすいと判断しているようだ。

三重県は何地方？

近畿地方を管轄する国の出先機関は大阪市に置かれているが、三重県は**名古屋市**にある出先機関の管轄下にある。また、インターハイなどの全国大会出場をめざす県内の高校運動部は、近畿大会ではなく東海大会に参加する。県北部の桑名市や四日市市から名古屋まで電車でわずか20～30分、地理的にも文化や経済などの面でも三重県は名古屋や**東海地方**との結びつきが非常に強い。

学校では三重県は近畿地方と習ったけれど、これほど名古屋との結びつきがあるのなら、なぜ三重県は中部地方にならなかったのだろう。そんな疑問を持つ人は多いはずだ。

そうなったのは、全国を8地方に区分した明治のお役人が、おそらく机の上に開いた地図だけでエリア分けをしたためだろう（79～82頁参照）。地図で見ると、本州の中央部は若狭湾から伊勢湾までが極端に狭まっており、ここを境界として三重県のある紀伊半島全域を近畿地方とするのは確かに地図上ではわかりやすい。明治中頃には、木曽川に橋が架けられて鉄道が開通し、三重県は当時から名古屋圏に属するようになっていたが、お役人たちはそれを考慮しなかったようだ。そして、国定教科書をつくるときに、三重県を除外して中部地方という一体性のない名ばかりの地方を設定した

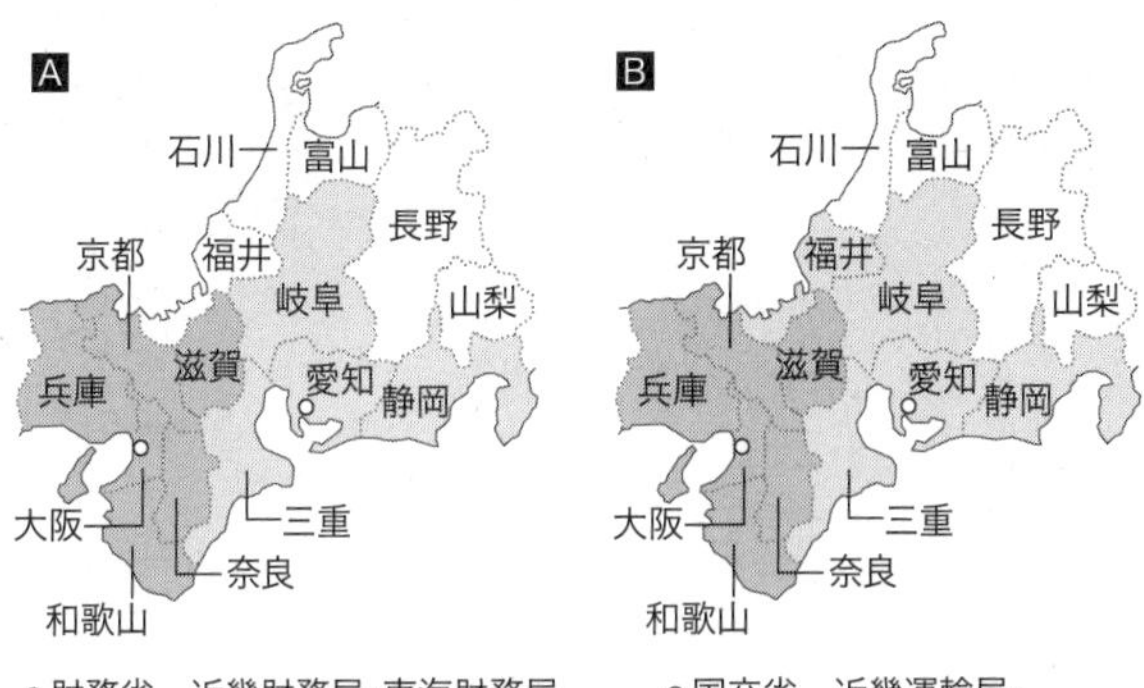

A

- ○財務省　近畿財務局・東海財務局
- ○総務省　近畿・東海総合通信局
- ○気象庁　近畿地方予報区・東海地方予報区
- ○高校野球大会　近畿大会　東海大会
- ○衆議院議員総選挙比例代表区・近畿ブロック・東海ブロック

B

- ○国交省　近畿運輸局・中部運輸局

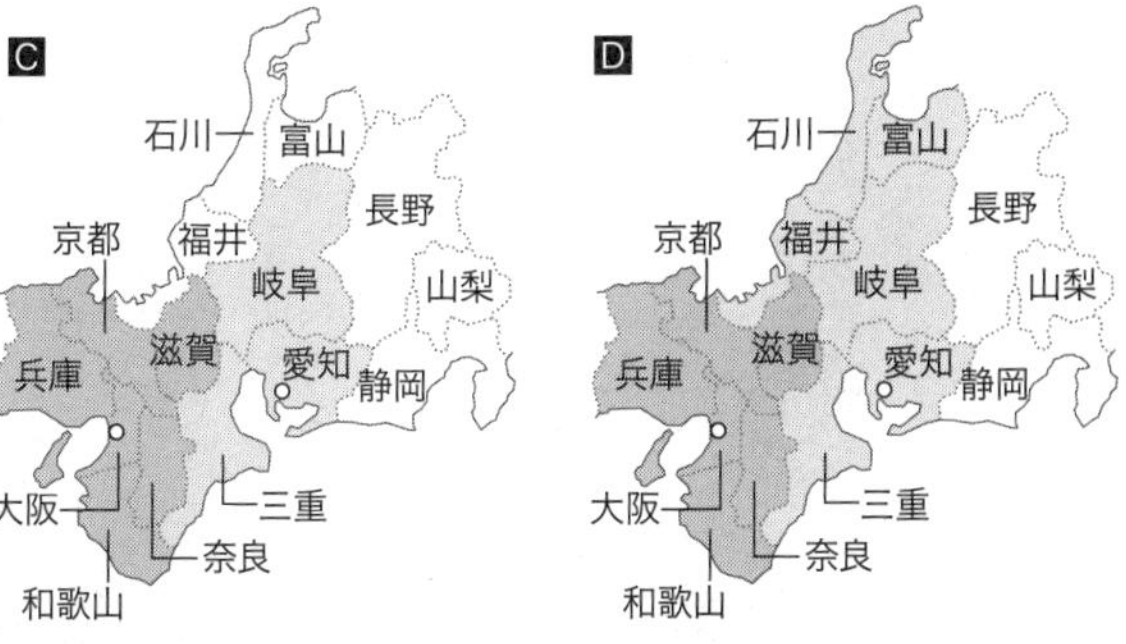

C

- ○農水省　近畿農政局・東海農政局

D

- ○大阪・名古屋高等裁判所

近畿・東海地区の行政区分の事例

ため、三重県は地図帳では近畿地方だが、実態は東海地方という矛盾した扱い方をされるようになってしまった。

ただ、同じ三重県でも西部の**伊賀地方**は名古屋よりも大阪が近く、経済や文化は関西との結びつきが強い。カップうどん「どん兵衛」も、四日市や津で販売されているのは東日本バージョンだが、伊賀地方では西日本バージョンが販売されている。

17 国立公園と国定公園の違い

四季折々に彩（あや）なす美しい自然と風景、日本が世界に誇る景観を、次の世代へ引き継ぐために、アメリカなどの先例に倣って1934（昭和9）年、瀬戸内・雲仙・霧島の3か所が初めて国立公園に指定された。当初は、古くから人々に親しまれてきた名所や旧跡、火山などの山岳が国立公園の対象であったが、時代とともに、海岸や島など海の景観、樹木や野生動物などの生態系の景観、湿原景観など、風景の評価は多様化してきた。

1957（昭和32）年には自然公園法が制定され、**国立公園**は国の風景を代表する

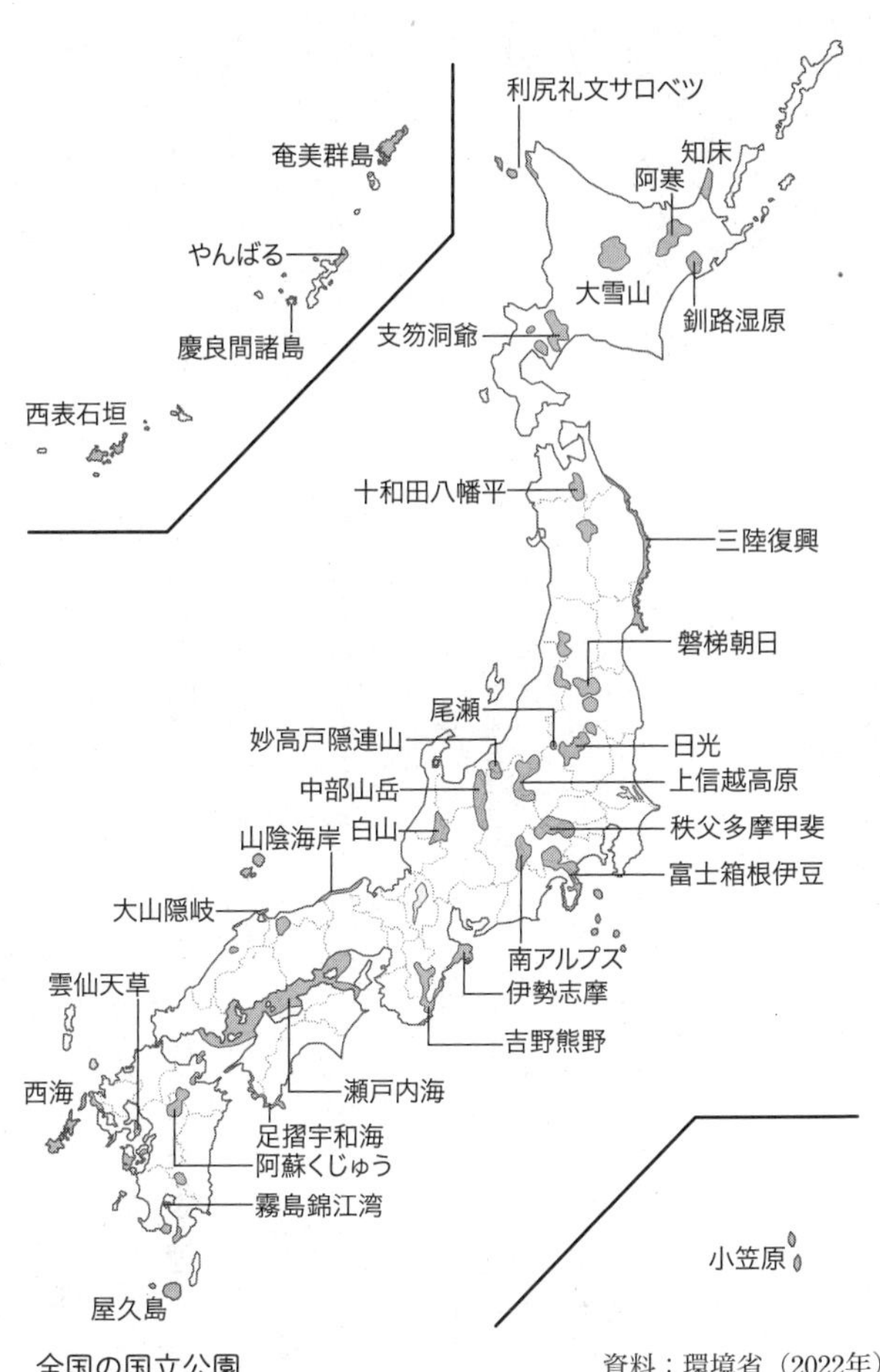

全国の国立公園

資料：環境省（2022年）

に足りる傑出した自然の風景地（海域の景観地を含む）と定義された。現在まで全国で34か所が指定されており、その面積は国土の約6％の約219万haを占め、**国（環境省）が管理**している。

国定公園は、国立公園に準ずる自然の風景地を国が指定し、**都道府県が管理**する。全国で58か所が指定されている。

他に、国土交通省が設置する都市公園や緑地などの**国営公園**があり、立川市（東京）にある昭和記念公園や美ら海水族館のある沖縄記念公園など全国で17か所が指定されている。

さらに、戦前までは旧皇室苑地であった皇居外苑・新宿御苑・京都御苑など国の直接管理のもとに広く国民に開放されている**国民公園**3か所がある。

18 森と林の違い

森と林、誰もが知っている言葉だが、その違いとなるとほとんどの人は説明できないのではないだろうか。それぞれの語源を調べると、「森（もり）」は盛りが語源で山と同義で自然のもの、「林（はやし）」は生やしが語源、木を生やす意味で人が育てたものという由来がある。つまり、その違いは語源では自然と人工であり、農林水産省も自然にできた樹木の密集地を「森」、人工的に作られた樹木の密集地を「林」と定義している。

しかし、実際には誰もそのような意味で森と林という言葉を使い分けてはおらず、国語辞典で調べても、どちらも「樹木がたくさん茂っているところ」と同じような説明だ。そもそも林が人工なら天然林や原生林という言葉は矛盾する。実際には、松林や雑木林とか「ふるさとの森」など慣習やイメージで使い分けられており、一般には「森」と「林」に厳密な区別はないようだ。

ちなみに、日本の国土の68・4％は森林であり、これは先進国の中ではフィンランド・スウェーデンに次いで第3位、日本は世界有数の森林国である。ただ、国民一人当たりに換算するとわずか0・2haにすぎず、これは砂漠と草原の国のモンゴルの21分の1ほどしかない。また、日本の森林のうち、約5割が**天然林**でほとんどは広葉樹だが、約4割の**人工林**はスギやヒノキなど生長が早く建築材として利用できる針葉樹林がほとんどだ。しかし、かつては90％を上回っていた日本の木材自給率は今や20％ほど、食糧自給率40％の半分以下だ。日本の林業も先が見えない。

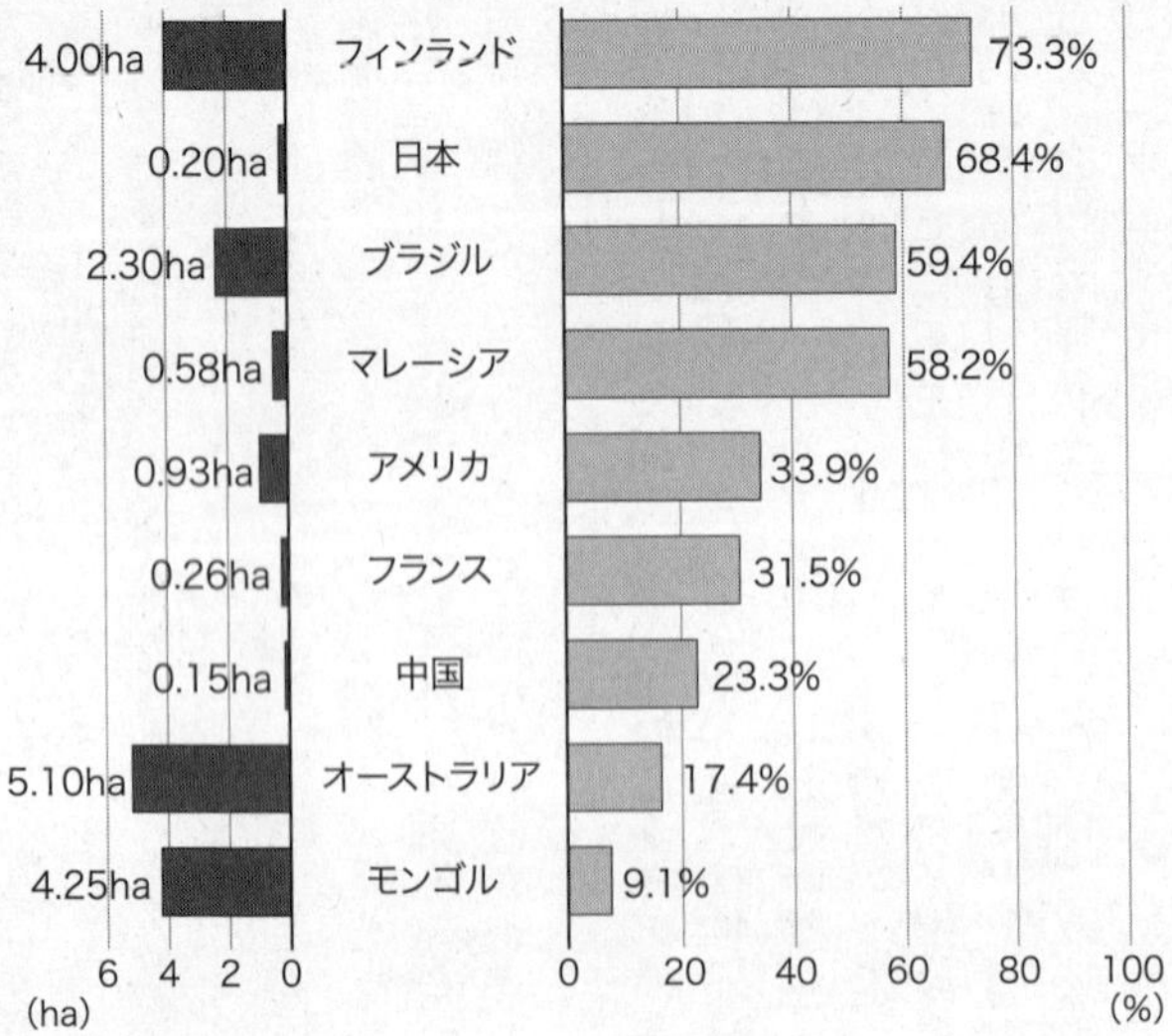

4.00ha
0.20ha
2.30ha
0.58ha
0.93ha
0.26ha
0.15ha
5.10ha
4.25ha
フィンランド
日本
ブラジル
マレーシア
アメリカ
フランス
中国
オーストラリア
モンゴル
73.3%
68.4%
59.4%
58.2%
33.9%
31.5%
23.3%
17.4%
9.1%
6 4 2 0
(ha)
0 20 40 60 80 100
(%)

おもな国の国民１人あたりの森林面積（左）と森林率（右）

人工林 1035万ha
天然林 1338万ha
41.2%
53.3%
その他 137万ha 5.5%

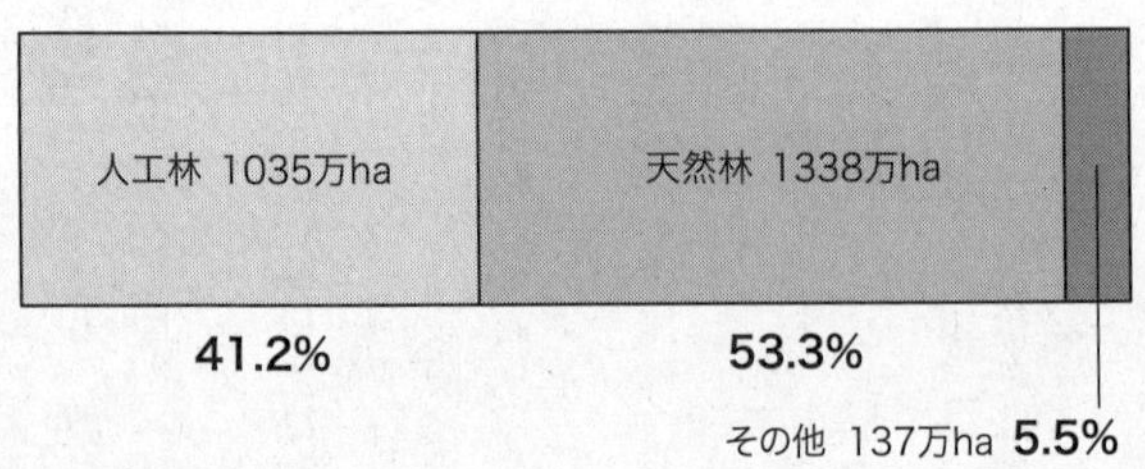

日本の森林の割合

資料：日本統計年鑑（2022年）

19　東北と北東の違い

東北と北東、西南と南西、何が違うのだろうか？　気にならないようで気になる違いだが、その違いの根拠は明解だ。簡潔にいうと、東西を優先するのは日本の文化、南北を優先するのは欧米の文化であり、国際基準ということになる。

日本という国号や国旗の日の丸が示すように、日本人は古来より太陽への思い入れが非常に強い。そのため、日の出や日の入りの方位すなわち東西の方位を重視し、東北地方や東南アジア、西南戦争、さらに早稲田大学の校歌が「都の西北〜♪」とあるように、日本では東西を先にして言い表してきた。

しかし、テレビの天気予報を聞いていると、「南西の風」とか「台風は進路を北東へ向け……」など南北を先にした表現が使われている。これは明治以降、気象科学の分野では欧米の影響を大きく受けてきたためだ。日本に輸入された気象観測の機器や文献はすべて英語、技師もイギリス人、「north-west」の表記はそのまま「北西」と直訳され、日本でも方位を表す場合は南北を先にして表現されるようになった。

さらに、気象情報は国際間で共有し管理する必要から、方位に関する用語は南北を優先する欧米のスタイルが国際基準となり、現在ではこの表現方法が国際社会で定着している。

第2章　語源・由来が気になる疑問

1 「ニホン」と「ニッポン」 日本の国名の読み方がなぜ2通り？

「日本」の起源は？

歴史の教科書では、飛鳥（あすか）時代以前の日本は「倭（わ）」や「ヤマト国家」として登場する。わが国が「日本」という呼称を使うようになったのは、律令政治が整いはじめた7世紀頃と考えられているが、その起源や由来については、いまだ不明な点が多く、明確な結論は出ていない。

「日本」という言葉が、教科書のなかで最初に登場するのは720（養老4）年の『日本書紀』である。ただ、私たちはこれを「にほんしょき」と読むが、本来は「やまとぶみ」が正しい。『日本書紀』には、ヤマタノオロチを退治する日本武尊が登場するが、この場合の読み方も「やまとたけるのみこと」である。当時、「日本」はニホンともニッポンとも発音されず、「やまと」や「ひのもと」と訓読みされていた。

漢字で書く「日本」の由来として「やまと」の枕詞（まくらことば）だったとする説が興味深い。「飛ぶ鳥の明日香（あすか）」から枕詞の飛鳥を「あすか」と読むように

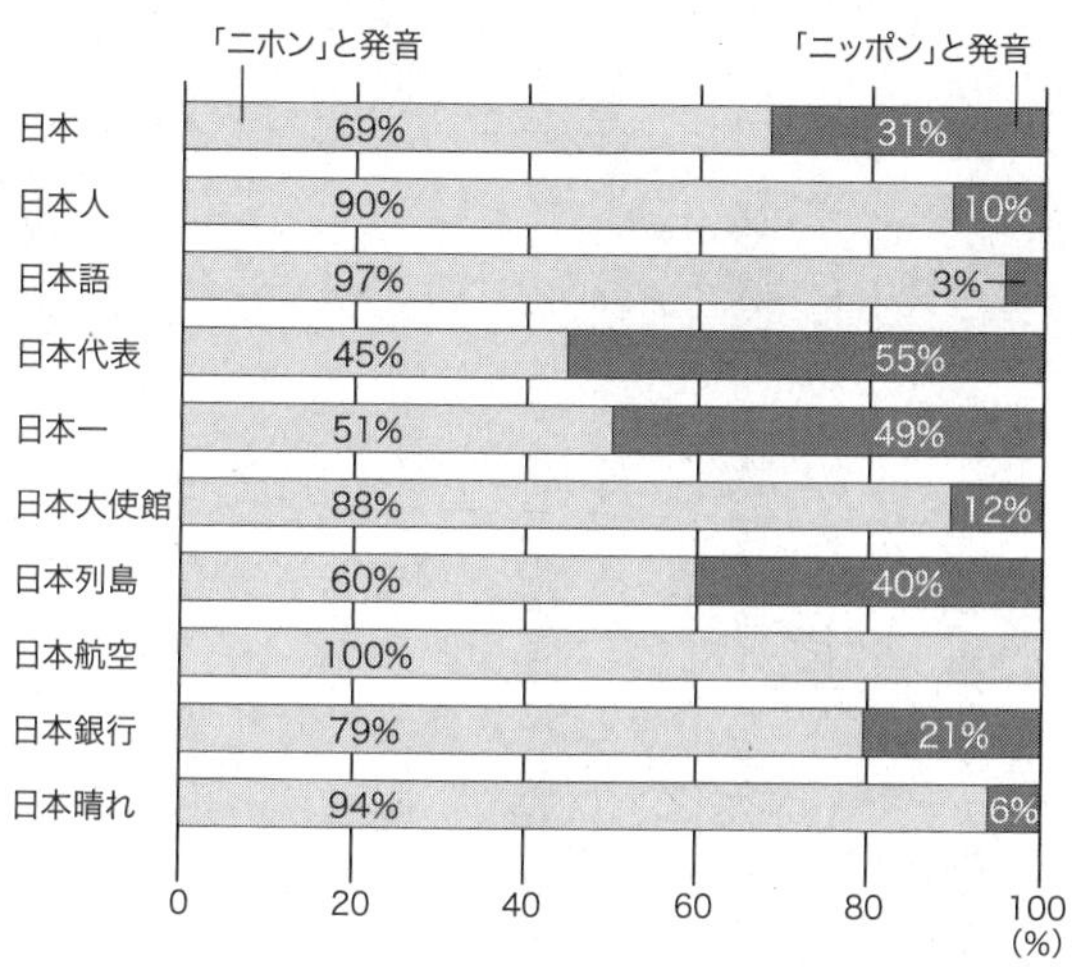

現代人は「日本」をどう発音するか？

資料：テレビ朝日HP「日本語研究室」

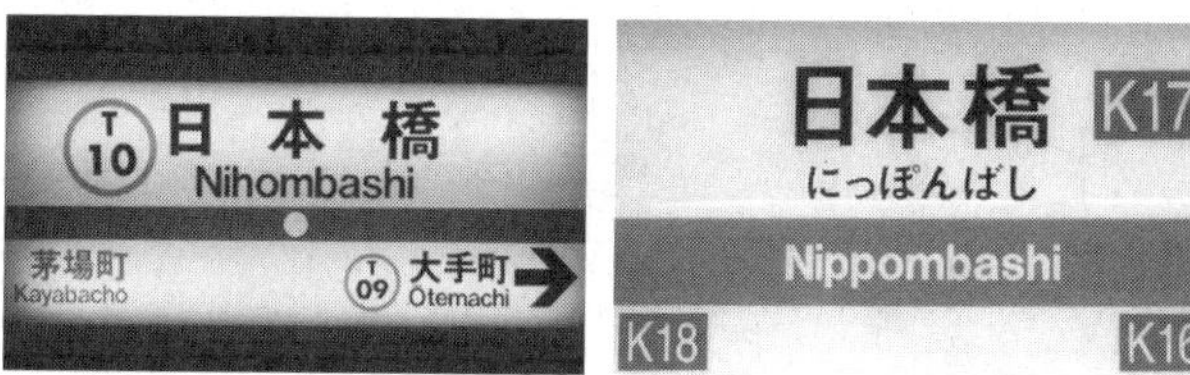

日本橋(にほんばし)駅　東京　　日本橋(にっぽんばし)駅　大阪

日本の国道の起点は東京の日本橋（にほんばし）、西の大阪には電気の街として知られる日本橋（にっぽんばし）がある。

なったように、「日のやまと」から転化したという説である。

平安時代に入ると、「日本」を音読みで発音するようになる。ただ、「日」という漢字の音は「にち」であり、「に」という読み方はなく、当時の発音は「ニッポン」であったと思われる。言語学者の研究によれば、「はひふへほ」は古代にはPA PI PU PE POに近い発音だったそうだ。そのP音が次第にF音、そしてH音に変化し、それにつれてニッポン→ニフォン→「**ニホン**」と発音が変化していったと考えられる。室町時代以降は「ニホン」と「ニッポン」の両方の呼称が使われるようになった。

現代人は「日本」をどのように発音する?

「『日本』の読み方は『ニホン』と、『ニッポン』。ホントはどちらが正しいのでしょうか?」

新聞社や放送局、教科書会社には、このような問い合わせがけっこう多いそうだ。

現代人は、日本をどのように呼んでいるのだろうか。2006(平成18)年、ある放送局が20~80歳代の男女を対象に、「日本」を含む言葉をどのように発音するのかという調査を実施した。この結果から、現代の人々は「ニッポン」よりソフトなイメージの「ニホン」を好んで使っていることがわかった。この傾向は中高年の人よりも若い人にとくに顕著だという。

「ニホン」と発音する語

日本画	日本海	日本海溝
日本海流	日本髪	日本酒
日本脳炎	日本風	日本間
日本料理	日本橋（東京）	日本大学
日本棋院	日本経済新聞	日本共産党
日本教職員組合	日本自動車工業会	日本医師会
日本育英会	日本山岳会	日本テレビ
日本相撲協会	日本生命	日本レコード大賞
全日本実業団駅伝	JR東日本	NEXCO中日本

など

「ニッポン」と発音する語

大日本帝国	日本橋（大阪）	日本維新の会
日本体育大学	日本放送協会	日本記者クラブ
日本遺族会	日本中央競馬会	日本ダービー
全日本空輸	日本製鉄	近畿日本鉄道

など

「ニッポン」と発音するが、「ニホン」の発音も許容する語

日本銀行	日本オリンピック委員会	日本赤十字社

など

「ニホン」「ニッポン」のどちらの発音でもよい語

日本一	日本記録	日本語	日本三景
日本時間	日本製	日本男子	日本刀
日本晴れ			

など

「ニホン」と「ニッポン」の読み方の事例

資料：「NHKことばのハンドブック」

ただ、**日本銀行**は「ニッポンギンコウ」が正しい。1万円札のウラにも「NIPPON GINKO」の文字がある。しかし、日本銀行に電話をするとオペレーターは「ニホンギンコウです」と応答するという。日銀のホームページには、「ニッポンギンコウ」と呼ぶようにしているが、日本の国名の問題に似て、二者択一的に決めるのは難しいというような主旨の記載がある。

政府の見解はどのようになっているのだろうか。戦前の国威発揚が叫ばれた1934（昭和9）年、力強さのイメージがあるという理由から文部省臨時国語調査会が「ニッポン」を統一呼称とするよう決議した。ただ、このときは法制化には至っていない。札幌オリンピックを控えた1970（昭和45）年にも、閣議で「ニッポン」に国号を統一することが話題になったが、このときもそれ以上の進展はなかった。2009（平成21）年には、国会で民主党のある議員が、「日本」の読み方を「ニホン」か「ニッポン」に統一する意向はあるのかと政府に質問書を提出した。当時の麻生内閣は「いずれも広く通用しており、どちらか一方に統一する必要はない」という答弁をしている。

オリンピックや震災復興支援などは、「がんばれニッポン」というように力強い語感の「ニッポン」がよいが、谷村新司の名曲『いい日旅立ち』の歌詞の中の「日本(にほん)のどこか」というフレーズが「ニッポン」では様にならないというようなつぶやきを、以前、どなたかのブログで読ませていただいたことがある。まさに同感だ。日本人は2つの呼称を1000年以上もそれぞれに思いを込めて使い続けてきたのだから……。

JAPANの語源

13世紀に、イタリアの商人マルコ・ポーロがその著書『東方見聞録』の中で日本を**Zipangu（ジパング）**と紹介したことは知られている。このジパングの語源は何だろうか。現在の中国では、日本を「リーベン」と発音するが、マルコ・ポーロが訪れた元朝のころは「ジッパン」と発音していたらしい。「日」の音読みには「ニチ」と「ジツ」があるが、中国北部の発音は「ジッ」である。Zipanguの「Zi」が「日」、「pan」が「本」、「gu」が「国」に相当する。ジパングは、「日本国」の当時の中国語読みが由来なのだ。

　しかし、Japanの語源はジパングではなく、16世紀に東アジアに進出したポルトガル人に由

各国語による日本の呼称

韓国語	일본〈イルボン〉
インドネシア語	Jepang〈ジュパン〉
タイ語	ญี่ปุ่น〈イープン〉
ヒンディー語	जापान〈ジャーパーン〉
ロシア語	Япония〈ヤポーニャ〉
フランス語	Japon〈ジャポン〉
イタリア語	Giappone〈ジャッポーネ〉
スペイン語	Japón〈ハポン〉
ポルトガル語	Japão〈ジャパンゥ〉
ドイツ語	Japan〈ヤーパン〉
トルコ語	Japonya〈ジャポンヤ〉

来するという説もある。ポルトガル初の中国使節となったトメ・ピレスはその著書『東方諸国記』の中で、日本を**Jampon**（ジャンポン）と表記し、戦国時代の日本に約30年滞在した宣教師ルイス・フロイスは、『Historia de Japam（日本史）』を著し、日本を**Japam**（ジャパウン）と表記した。JamponやJapamは、東南アジアで交易に従事していた中国商人の出身地である福建省の方言である「日本（ジップン）」の音写と思われ、それらがJapanに転訛したという説である。

2　関東と関西を分ける「関」ってナニ？

日本の文化や経済を二分する関東と関西、何かとよく耳にする言葉だが、その語源は何だろう？

文字通り**関東**とは「関」より東、**関西**とは「関」より西の地方という意味だ。約1300年前、天武天皇の時代まで遡るが、ヤマト政権は東国の敵から都を守るために、越前（福井）に**愛発の関**、美濃（岐阜）に**不破の関**、伊勢（三重）に**鈴鹿の関**を設置した。関東・関西の語源となり境界となった「関」とは、当時は**三関**と呼ばれた本来

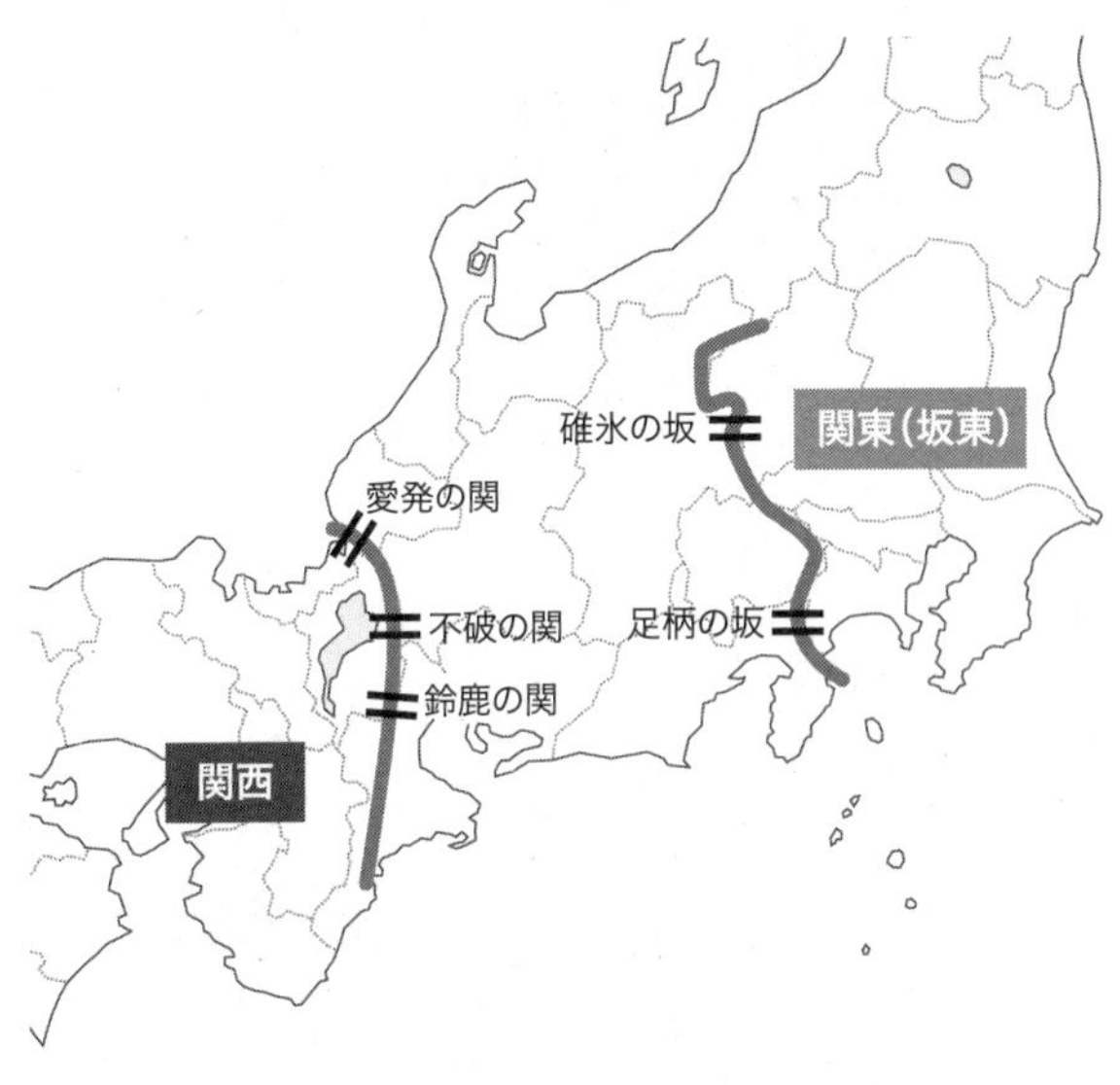

関東・関西の境界

この3か所の関所のことである。

しかし、関西や関東という呼称はその後一般にはあまり定着していない。京都や大阪を中心とする地域は、長く都が置かれていたため、そこに住む人々の意識は日本の西ではなく中央であり、天皇が住むところという意味の**上方**（かみがた）という呼称が広まった。

現在の関東地方は、平安時代には**坂東**と呼ばれるようになった。坂東とは「坂」の東、この場合の坂は峠の意味で、**碓氷**（うすい）**の坂**（長野―群馬県境）、**足柄**（あしがら）**の坂**（静岡―神奈川県境）を指している。どちらの峠も交通の要衝であり、すでに平安時代には関所が置かれていた。「関東管領」や「関東公方」などの言葉に見られるように、**関東**という呼称は室町時代以降に再び登場する。江戸時代には今の関東7都県にあたる相模・武蔵・安房・上総・下総・上野・下野・常陸の8か国を総称して「**関八州**」と呼ぶようになった。

関東・関西という地域名を現在のように対比させて使うようになったのは明治以降のことだ。首都が東京に移ると上方に代わって関西という呼称が一般的に使われるようになった。そして、名実ともに東京が日本の政治・文化の中心となった現代、かつて京都や大阪の人がそうであったように、今度は東京に住む人たちの中に、「東京は首都、日本の中央なんだ。関東というのは、千葉県や群馬県など東京周辺地域のことじゃないの」みたいな意識を持つ人が増えてきたように思う。大阪や京都の人は自分たちを関西人というが、東京の人が自分たちを関東人と言ったりしないのも彼らのこのような意識のせいではないかと感じるのは、関西人である筆者のひがみだろうか。

3　日本の8地方区分　いつ誰が決めた？

日本をいくつかの地域に分ける場合、まず思いつくのは学校の地理の授業でおなじみの8地方区分と呼ばれる分け方だ。1903（明治36）年の国定教科書『小学地理』で初めて採用され、以後、日本の地方区分の基本となっている。しかし、法的な根拠はなく、各省庁は支局を設置する際、実情に応じて独自の地域区分を行っており、高校野球の地区大会の区分けや、衆議院総選挙の比例ブロックなども、8地方区分とは一致しない。

8地方の名称の由来を説明する。

北海道地方……北海道

幕末から明治初期に北海道を探査した松浦武四郎が、異民族が住む土地を意味する蝦夷地に代わる名称として、日高見道・北加伊道・海北道・海島道・東北道・千島道の6案を上申し、1869（明治2）年、新政府は北加伊道の「加伊」を「海」に変え、それまでにあった東海道や西海道にならって「北海道」と命名した。北海道の「カイ」には先住民族アイヌの言葉で「国」という意味がある。

東北地方……青森・岩手・秋田・宮城・山形・福島（6県）
本州の東北部という意味、最初は奥羽地方と呼ばれたが、昭和に入ってから東北地方の呼称が定着する。

関東地方……東京・茨城・栃木・群馬・埼玉・千葉・神奈川（1都6県）
坂東や関八州などとともに古くからのこの地方の呼び名の一つである（76～78頁参照）。

中部地方……新潟・富山・石川・福井・山梨・長野・岐阜・静岡・愛知（9県）
「関東及び奥羽と近畿の中間の地方は、別に適当なる名称なきゆえにしばらく本州中部地方の名を用いたり」という当時の記録が残っている。近畿地方や関東地方などが設定され、両地方に挟まれて残った地域を、とりあえず一括り（ひとくくり）にして中部地方と呼ぶことにしたという何ともいい加減な話だ。日本海側の北陸地方、内陸の甲信地方、太平洋岸の東海地方はそれぞれの歴史や文化を持っており、こんな適当な理由で一つにくっつけられては、中部地方に行政・経済・文化などの面で他の地方のような一体性が見られないわけだ。

近畿地方……京都・大阪・滋賀・三重・奈良・和歌山・兵庫（2府5県）
畿内（大和・山城・摂津・河内・和泉）とそれに近接する地方の意味。関西地方と

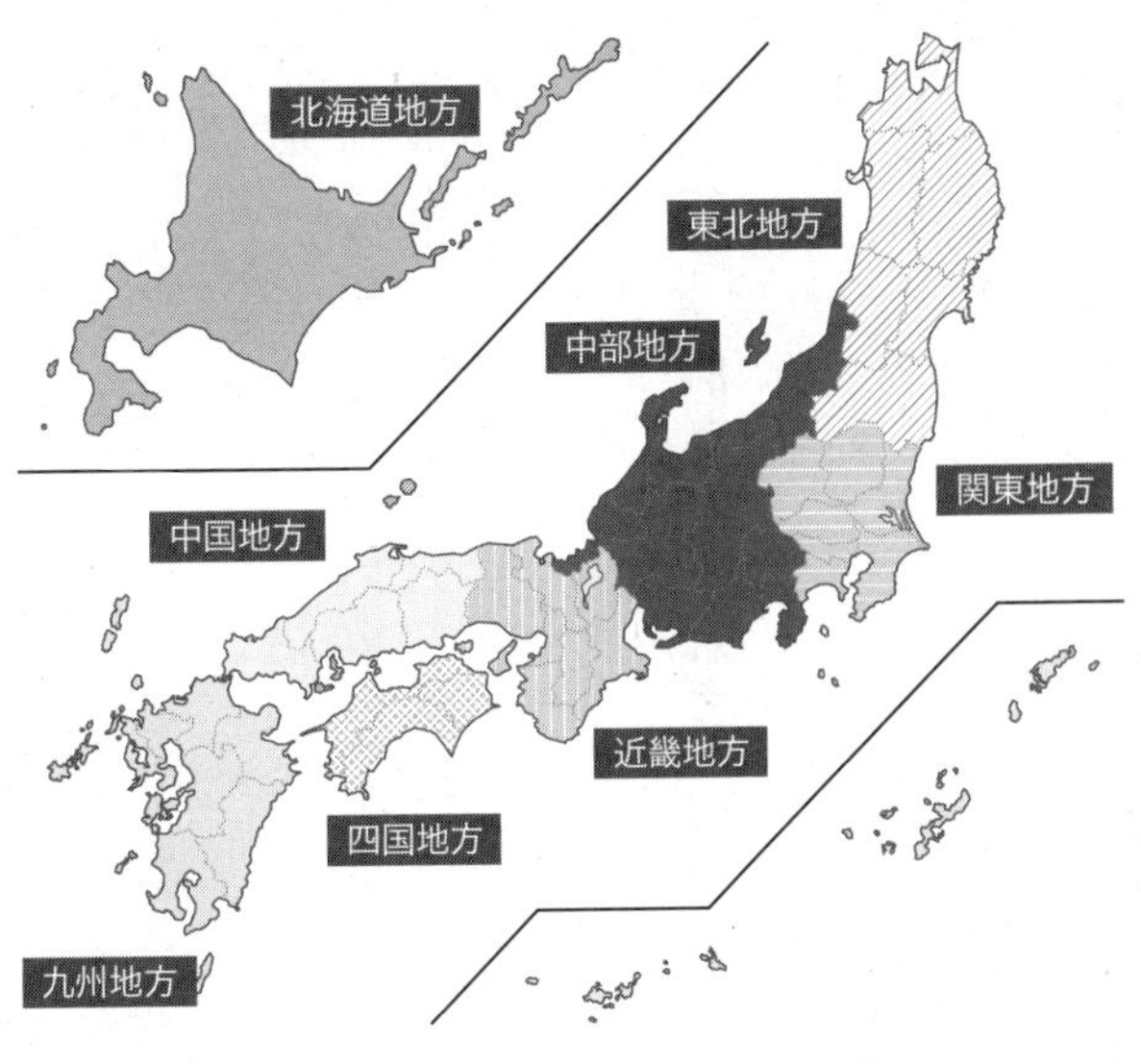

8地方区分

ほぼ同じ範囲を指す。

中国地方……鳥取・島根・岡山・広島・山口（5県）

都からの距離に応じて畿内・近国・中国・遠国（おんごく）と呼んだ古代の区分に由来する。当時は、現在の中国地方だけではなく、東は美濃（岐阜県）から伊豆（静岡県）まで、北は越前（福井県）から越中（富山県）まで、西も四国東部が中国に分類されていたが、鎌倉幕府が長門（中国）探題をおいた頃から、現在の中国地方に対する呼称として定着する。

なお戦前、中国（China）を

支那と呼んだのは中国地方と区別するためだったともいわれる。

四国地方……香川・徳島・愛媛・高知（4県）
讃岐・阿波・伊予・土佐の4か国があったから。もっともわかりやすいネーミングだ。

九州地方……福岡・佐賀・長崎・大分・熊本・宮崎・鹿児島・沖縄（8県）
豊前・豊後・筑前・筑後・肥前・肥後・日向・大隅・薩摩9か国があったから。筑州や薩州など「州」は国の意味を持つ。ただ、本来の九州は、地方名ではなく九州本島のことで、対馬や奄美諸島、沖縄など島嶼部は含まれない。

4　47都道府県名　それぞれの由来

自分が生まれ育った場所、旅行で初めて訪れた場所、日本はどこへ行っても必ずその場所には地名がある。そして、どの地名も先人たちが何らかの理由、意味を込めてそう呼ぶようになったものばかりだ。もっとも身近な地名ということで、47都道府県の由来を紹介するが、起源が古いために由来が不確かなものも多い。ここで紹介した

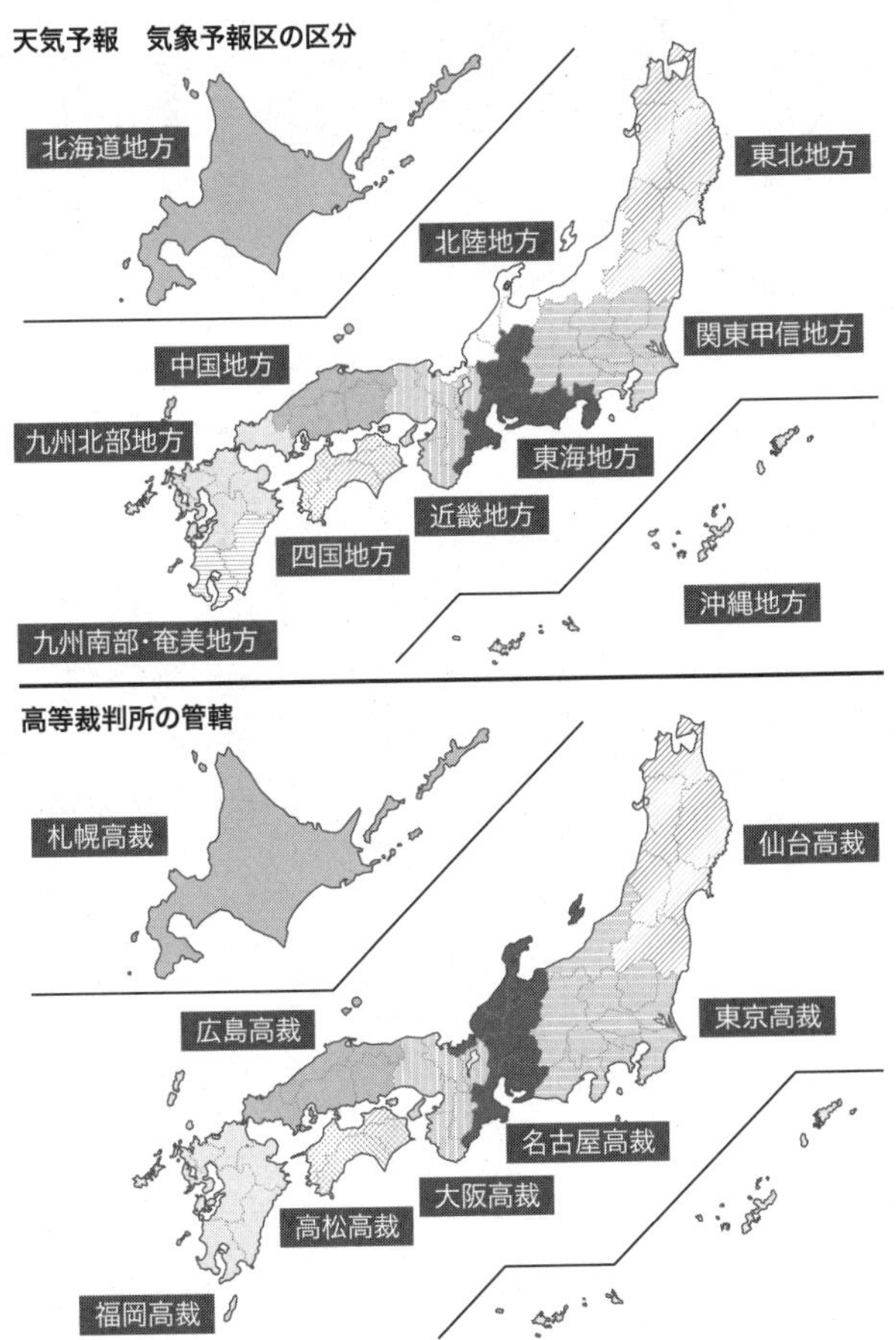
天気予報　気象予報区の区分
北海道地方
東北地方
北陸地方
関東甲信地方
中国地方
九州北部地方
東海地方
近畿地方
四国地方
沖縄地方
九州南部・奄美地方
高等裁判所の管轄
札幌高裁
仙台高裁
東京高裁
広島高裁
名古屋高裁
大阪高裁
高松高裁
福岡高裁

その他の地域区分例

以外にも諸説があることをご承知いただきたい。

以下の一覧において、〈 〉内はその地名が成立した時代を指す。

北海道〈明治〉
松浦武四郎が、アイヌ語で自分たちの国を意味する「カイ」に基づき提案した「北加伊道」を政府が「北海道」に修正（79頁参照）。

青森〈江戸〉
松が青々と生い茂った丘が青森山と呼ばれ、その麓に弘前藩が青森湊を開く。突き出た小さな丘を意味するアイヌ語説もある。

岩手〈平安〉
岩手山のある岩手郡が由来。岩手山は何度も噴火を繰り返し、溶岩や泥流を流し続け、「イワデ山（岩が出る山）」と呼ばれた。

宮城〈平安〉
蝦夷鎮圧のための鎮守府が置かれた多賀城を宮なる城（朝廷の城）と呼んだ、朝廷の管轄領を意味する屯倉（ミヤケ）から転訛の2説あり。

秋田〈奈良〉
雄物川河口の低湿地「悪田（アクタ）」、開墾地「開き田（アキタ）」、アイヌ語で葦が茂るところ「アキタイ」など諸説がある。

山形〈平安〉

蔵王山周辺の山よりの土地を指す「山方（ヤマガタ）」が由来、室町時代に山形の表記。

福島〈戦国〉

杉妻（スギノメ）という地名だったが、新領主の木村吉清が佳字（かじ）の「福」を使った福島と改称する。島は盆地の中の丘の意味。

茨城〈奈良〉

朝廷に従わない先住民と戦うため、朝廷の命を受けた黒坂命（クロサカノミコト）が茨を用いて城を築いた。

栃木〈不明〉

トチの木が多かったから、栃木市内の神明宮の屋根の「十千木（トオチギ）」が由来など諸説あり。「栃」は明治に作られた国字。

群馬〈飛鳥〉

古代の豪族「車持君（クルマモチノキミ）」が住んでいたので「クルマ（車、奈良時代に群馬）」、明治の廃藩置県で「ぐんま」の読み。

埼玉〈奈良〉
前玉比売命（サキタマヒメノミコト）を祀った前玉（サキタマ）神社があったので埼玉（サキタマ）、サキタマは幸福の魂の意味。

千葉〈奈良〉
古事記の「千葉の葛野（カズノ）を見れば……」の歌が由来という説が有力。千葉とは葛の枕詞で、多くの葉が茂るという意味。

東京〈明治〉
西の京（京都）に対する東の都の意味。明治維新の際に天皇の詔勅により江戸から改称。当時は「とうけい」だった。

神奈川〈鎌倉〉
地下水が湧き出した川で、上流がないので上無（カミナシ）川、鉄分を含んでいたので金川などの説があるが不明。

新潟〈室町〉
信濃川・阿賀野川の河口の中州に形成された新しい内湾（潟）が由来という説が有力。戦国時代に新潟津と呼ばれ、発展する。

富山〈室町〉
今も市内にある古刹の富山（フセン）寺に由来。この地は外山（トヤマ）郷と呼ばれていたが、佳字の「富」を使った富山に改称。

石川〈平安〉
県内最大の川である手取川の河原は石が多く、石川と呼ばれていた。平安初期に加賀国が設置され、石川郡が成立する。

福井〈江戸〉
元は「北ノ庄(きたのしょう)」だが北が敗北に通じると、領主となった松平忠昌が、佳字を使った「福居」に改称し、のちに「福井」となる。

山梨〈奈良〉
古代に国府が置かれた地にあった山梨岡神社に由来する説が有力。梨の木が多く、「山梨の岡の山梨の花」という古歌がある。

長野〈不明〉
文字通り長い野原の意味。扇状地である善光寺平あたりを指した。

静岡〈明治〉
それまでの駿府を賤機山（シズハタヤマ）にちなんで、賤ヶ丘と改称するが、「賤」は賤（いや）しいに通じると嫌って「静岡」に。

岐阜〈戦国〉
織田信長が、周の文王が天下掌握の拠点とした「岐山」と孔子ゆかりの魯(ろ)の都「曲阜」から1文字ずつ取り、「岐阜」と命名。

愛知〈飛鳥〉
語源は不明だが、古代には名古屋市あたりの海岸は「あゆち潟（がた）」と呼ばれていた。奈良時代に佳字「愛知」を当てるようになった。

三重〈飛鳥〉
日本武尊が東征で足が三重に折れ曲がるほど疲れたという伝承が古事記にあるが、水辺の土地の「ミヘ」が転化したのだろう。

滋賀〈飛鳥〉
古代には琵琶湖沿岸に低湿地が広がっていた。州のあるところを意味する古語「スカ」が由来と思われる。

京都〈平安〉
「京」は国の中心地、「都」は人の集まる大きな都市が本来の意味。単に「京」と呼ばれることが多かったが、平安京の略。

大阪〈戦国〉
石山本願寺があった「小坂」に築城した秀吉が「大坂」と改称、明治に「坂」は土に返るので縁起が悪いと「阪」に変える。

兵庫〈奈良〉

摂津の入り口の須磨の関の防衛のために設置された武器庫を兵庫（ツワモノグラ）と呼び、この地方の地名になった。

奈良〈飛鳥〉

なだらかで平らな土地を意味する「ならす」が語源、奈良盆地は緩やかな傾斜を持つ平地だった。

和歌山〈戦国〉

秀吉が築城する際に、万葉集にも謳われた近くの景勝地和歌浦（ワカノウラ）にちなんで和歌山と命名したといわれている。

岡山〈戦国〉

旭川の西岸にあった岡山という小高い丘に宇喜多秀家が築城し、この地が岡山と呼ばれるようになった。

鳥取〈奈良〉

奈良時代に水鳥を捕らえる職業部である「鳥取部（ととりべ）」が住んでいたことにちなむ。

広島〈戦国〉

毛利輝元がこの地に築城した際に、毛利家の祖の大江広元の「広」とこの地の豪族福島氏の「島」を合成し、「広島」とした。

島根〈奈良〉
島の根っこという意味。島とはかつては島だった島根半島のこと。現在の松江市一帯が島根郡だった。

山口〈鎌倉〉
文字通り、山の入り口の意味。現在の東鳳翩山（ヒガシホウベンザン）にあった鉱山の入口にあたる。

徳島〈戦国〉
領主となった蜂須賀家政が、吉野川河口の中州に城を築き、その地を、佳字の「徳」を使って徳島と命名した。

香川〈奈良〉
よく水枯れしたので枯れ川、平らな土地（カガ）を流れる川、山奥に樺の古木があり、川に香を漂わせていたなど諸説がある。

愛媛〈明治〉
古事記に「伊予の国は愛比売（エヒメ）といい」という記述があり、神話の女神にちなんで県名を愛媛とした。

高知〈江戸〉
土佐国主となった山内一豊は、新しく城を築き、河中山（コウチヤマ）城と名づけるが、のちに高智、さらに高知と改称する。

福岡〈戦国〉
領主になった黒田長政が、博多の対岸に城を築き、黒田家のルーツである備前国福岡（現岡山県長船町福岡）にちなんで命名。

佐賀〈奈良〉
日本武尊が名づけた「栄（サカ）の国」、滋賀と同じ「スカ」、満潮時に潮が逆流したので「逆（サカ）」など諸説あるが不明。

長崎〈鎌倉〉
付近はリアス海岸で、長く突きだした岬の意味。長崎半島を指す。

熊本〈室町〉
川や道が曲がりくねったところを意味する曲処（クマモト）が語源という説が有力だが不明。加藤清正が「熊本」の文字を当てる。

大分〈奈良〉
日本書紀には、大きく美しい田があり、「碩田（オホキタ）」と命名とあるが、真偽は不明。

宮崎〈奈良〉
「宮」は宮崎神宮あるいは江田神社のこと、「崎」は前（さき）のことで、神社の前に広がる土地のこと。

鹿児島〈平安〉

鹿児島は桜島の古称で、崖（カコ）で囲まれていたので「カゴ島」、火山の臭気から「嗅ぐ島」、鹿が多くいたなど諸説あるが不明。

沖縄〈奈良〉

沖合の漁場を意味する「沖魚場（オキナバ）」、または大きい漁場で「大魚場（オオキナバ）」が語源とする説が有力。

5 フォッサマグナって何語？ 名づけたのは誰？

フォッサマグナとナウマン

フォッサマグナは本州中央部を横断する大陥没帯で、日本列島を東北日本と西南日本に分けている。フォッサマグナとはラテン語で、フォッサ（FOSSA）は「**溝**」、マグナ（MAGNA）は「**大きい**」を意味する。命名したのは、ナウマン象にその名を残すドイツの地質学者**ハインリッヒ・エドムント・ナウマン**である。

ナウマンは明治政府の招きで、1875（明治8）年に20歳で来日し、全国の地形や地質を約10年にわたって踏査し、大きな業績を残した。彼が歩いた距離は1万kmにも及び、フォッサマグナと名づけた大断層を発見したのも、この全国踏査の際、八ヶ岳東麓の長野・山梨の県境付近の平沢峠から眼下の広い平地を隔てて壁のようにそそり立つ南アルプスを遠望したときである。

そのときの彼の興奮は、平沢峠の展望台の碑に刻まれたナウマンの紀行文から知ることができる。

「朝になって驚いたことに、あたりの景色は前日とは一変していた。私は幅広い低地に面する縁に立っていた。対岸には、3000mあるいはそれ以上の巨大な山々が重畳してそびえ立っていた。その急な斜面は鋭くはっきりした直線をなして低地へ落ち込んでいた。（中略）そのとき私は、自分が著しく奇妙な地形を眼前にしていることを十分に意識していた」。

彼は、調査を進め、フォッサマグナが弧状をした本州の中央部を横断する裂け目であり、この裂け目で日本列島が東西に二分されていることを指摘し、さらにその裂け目には、北から妙高山、八ヶ岳、富士山、箱根、天城山など多くの火山が噴出していることを「日本列島の生成と起源について」という論文に発表した。

糸魚川―静岡構造線

フォッサマグナの西縁が、新潟県糸魚川市から松本盆地・甲府盆地の西を通って静岡市付近へ達する南北140～150kmの**糸魚川―静岡構造線**と呼ばれる大断層線である。フォッサマグナと糸魚川―静岡構造線は混同されやすいが、前者は面、後者は線と捉(とら)えると理解しやすい。

糸魚川―静岡構造線の西側には、日本海側から太平洋側まで続く日本アルプスと呼ばれる3000m級の急峻な山脈が南北に連なっている。その北端は、日本アルプスが断崖となって日本海に落ち込んでおり、**親不知子不知**(おやしらずこしらず)と呼ばれる絶壁が迫る海岸が約15km続いている。古くから北陸道最大の交通の難所とされ、人々の交流を阻んできた。糸魚川―静岡構造線は、地質学上の東西の境界線であるばかりではなく、東日本と西日本の文化圏の日本海側の境界ともなっている。

フォッサマグナの東縁は、柏崎（新潟県）と千葉県を結ぶ線に延びていると考えられているが、火山噴出物等に覆われ、明瞭な断層線が確認されておらず、ナウマンも特定できなかった。

フォッサマグナはどうしてできたか？

原始の日本列島はユーラシア大陸の縁に沿って南北に延びていたと思われるが、新

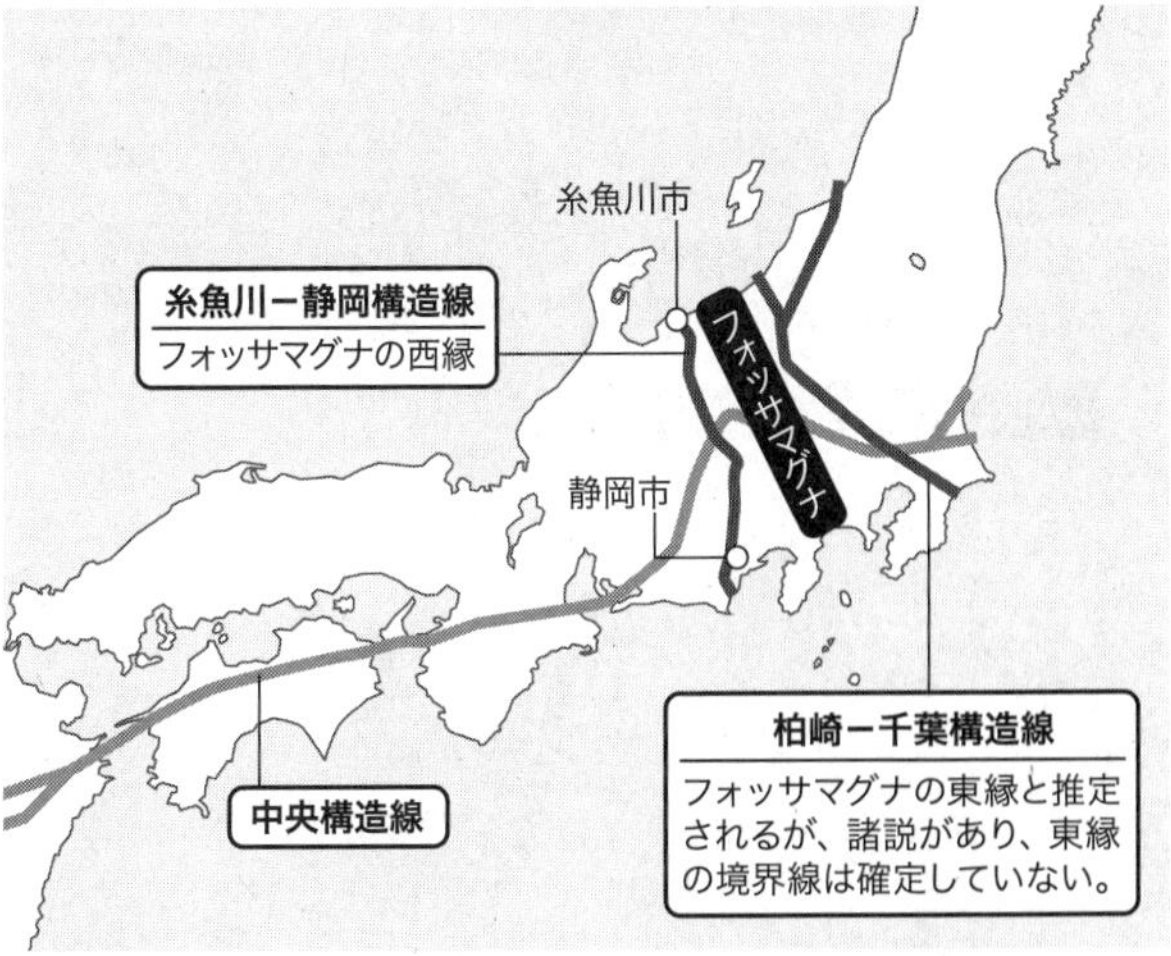

糸魚川市
糸魚川ー静岡構造線
フォッサマグナの西縁
フォッサマグナ
静岡市
柏崎ー千葉構造線
フォッサマグナの東縁と推定されるが、諸説があり、東縁の境界線は確定していない。
中央構造線

北アルプス
越後山脈
3,000m
2,000m
新しい岩石
(新生代)
6,000m
糸魚川ー静岡構造線
柏崎ー千葉構造線
古い岩石
(中生代・古生代)

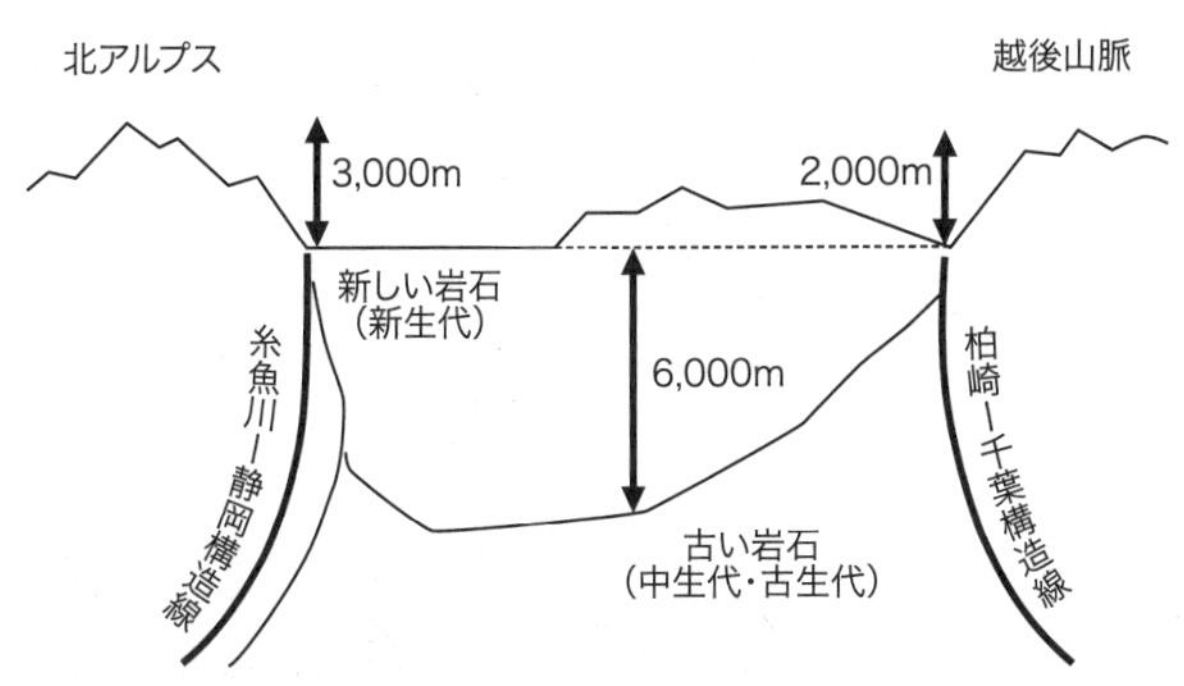

フォッサマグナの構造図

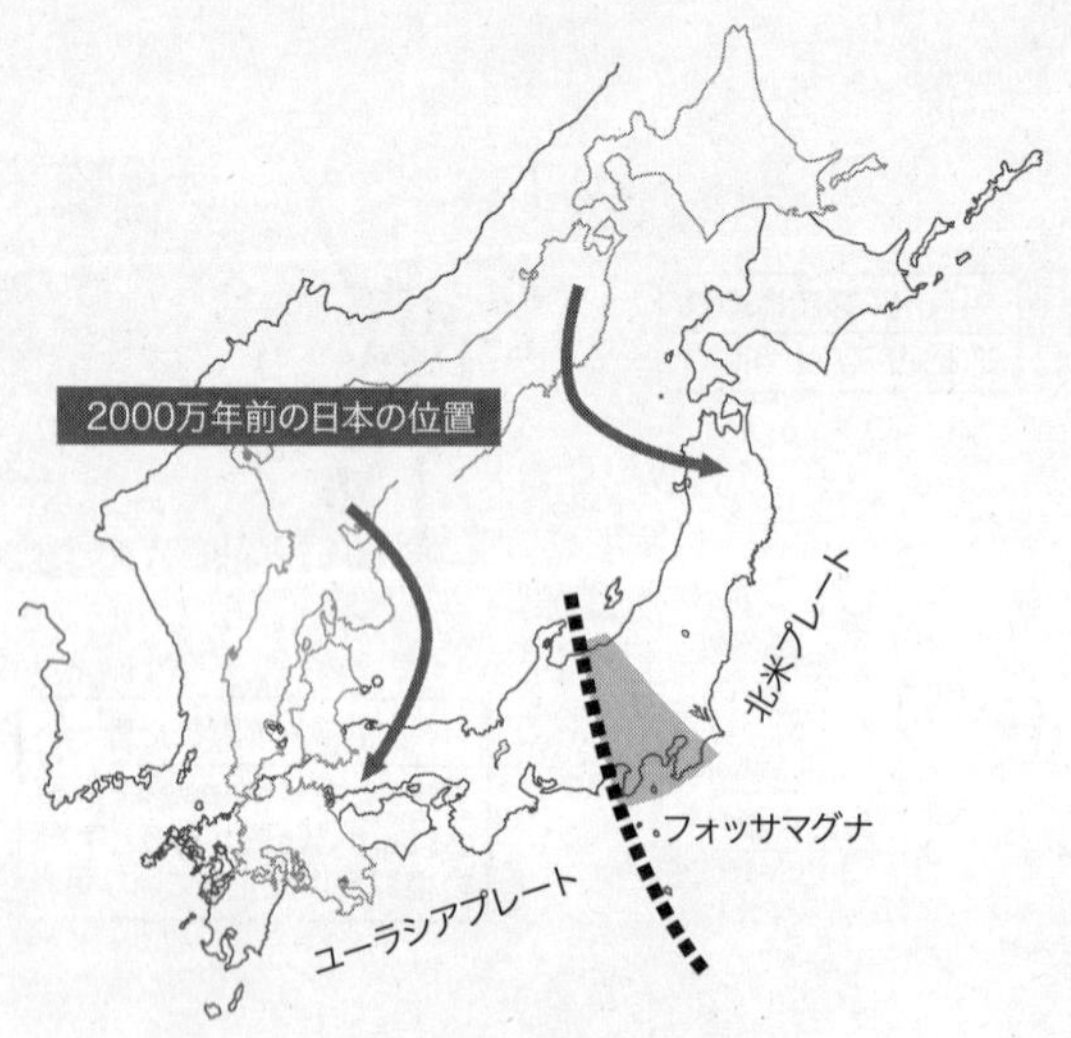

フォッサマグナはどうしてできたか

生代の地殻変動によって、北米プレート上の東日本は反時計回り、ユーラシアプレート上の西日本が時計回りの動きをするようになり、その境界部分が裂かれた状態になったため、大陥没帯が生じた。その陥没帯では火山活動が活発になり、やがて新たな堆積物で埋め尽くされた。

6　黒潮と親潮　語源はナニ？

黒潮ってホントに黒いのだろうか？　親潮の「親」ってどういう意味？

太平洋の北半球側には北と南に2つの大きな海流の循環が見られる。北側の海流は北緯45度線以北を反時計回りに流れ、**亜寒帯循環**と呼ばれる。このうち、千島列島沿いに日本の沖合まで南下する海流を**親潮**（**千島海流**）と呼ぶ。南側の海流は北緯45度線と赤道の間を時計回りに流れ、**亜熱帯循環**と呼ばれる。このうち、日本列島に沿って北上する海流を**黒潮**（**日本海流**）と呼ぶ。

親潮はプランクトンや栄養塩に富み、魚類や海藻類を養い育てる親にあたることがその名の由来である。親潮の表層温度は冬は約1度、夏でも18度以下で、黒潮よりも10〜20度も低く、しばしば北海道や東北地方の太平洋岸に**冷害**をもたらす。

黒潮は、透明度が高く、深部まで見通すことができ、海が藍黒（らんこく）色に見えることがその名の由来である。その幅は紀伊半島沖で約150km、厚さが約500m、流量は毎秒5000万tに達する世界最大規模の海流で、北大西洋海流とともに世界2大海流

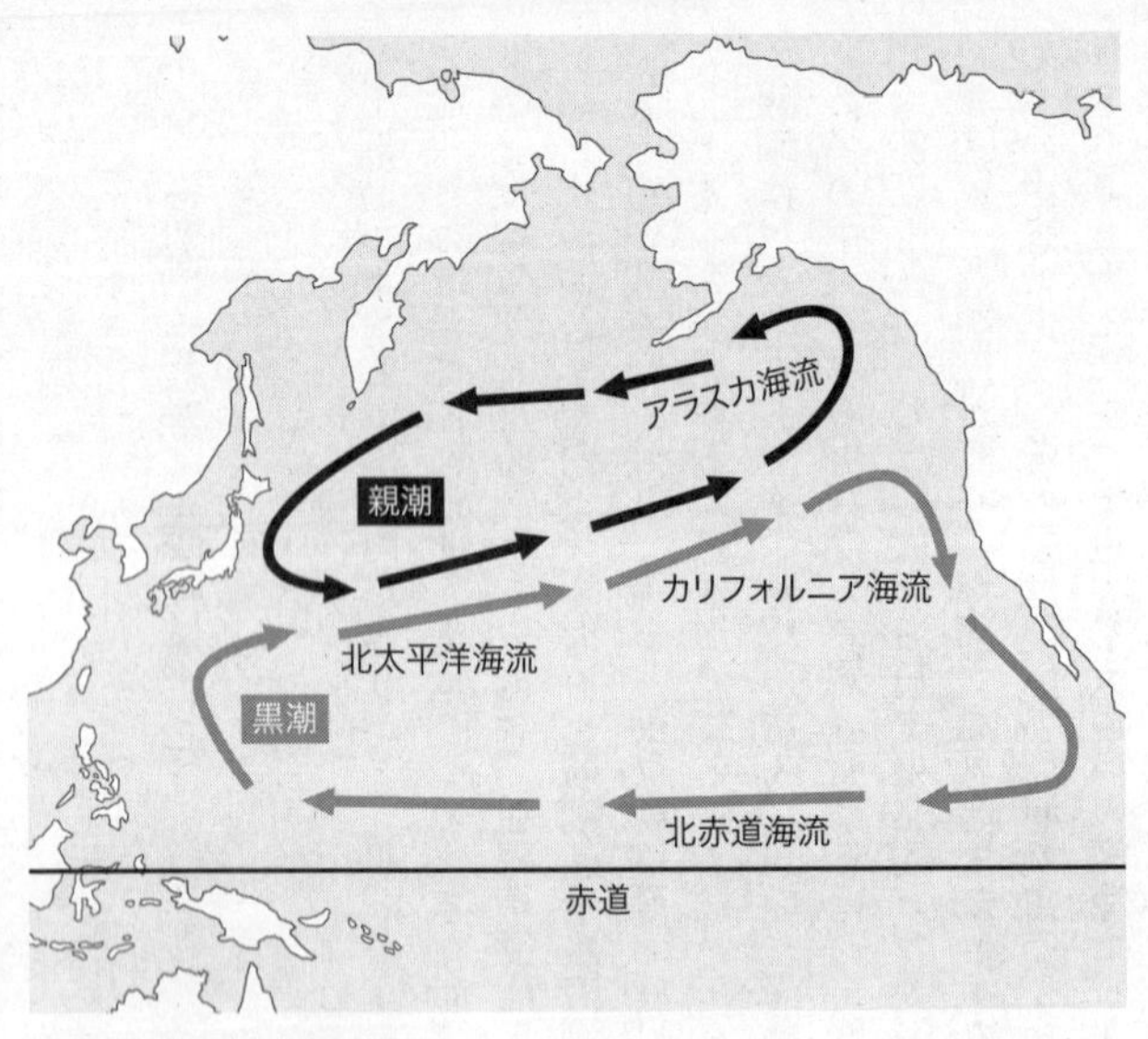

北太平洋の海流循環

	黒潮(日本海流)	親潮(千島海流)
塩分濃度	33.7〜34.0‰	34.5〜35.0‰
水温(水深200〜500m) 水温(表層)夏 〃 冬	12〜18度 30度 20度	4〜5度 15〜18度 1度
流速	8km/時(4.3ノット)	1km/時(0.5ノット)
流量	5,000万トン/秒	1,500万トン/秒

黒潮と親潮の比較

資料：理科年表、気象庁など

と呼ばれている。

また、親潮の流速は時速1㎞ほどだが、黒潮は時速8㎞とかなり速く、船舶の航行に与える影響が大きい。実際、東京—沖縄間のフェリーは、東京行きよりも流れに逆進する沖縄行きの所要時間が1時間長い。

親潮が黒潮と会合する付近の海域は、カツオ・マグロ・サンマなどの回遊魚が群がり、世界有数の好漁場となっている。

7　太平洋の語源はナニ？

太平洋の由来

大西洋は「大」なのに、なぜ太平洋は「太」なのだろう？

地理のテストのとき、生徒が間違えやすい漢字の第1位はおそらく太平洋だろう。中学教師をしていた頃、事前にいくら注意を与えていても「大平洋」と書いてしまう生徒が後を絶たなかった。太平洋は大きく平らな海洋ではなく、太平な海洋が正しい。

太平洋の名は、スペインの王の命を受けた探検家**マゼラン**が、世界周航の際にこの海を横断したとき、天候に恵まれて平穏な航海が続いたため、ラテン語で静かな海を意味する「**マレ・パスィフィコム（Mare Pacificum）**」と命名したことが由来とされている。17世紀の初め、明の頃の中国で、ヨーロッパの世界地図を漢語訳した『**坤輿萬國全圖**』が刊行されたが、マレ・パスィフィコムは、そこで「寧海」と訳された。清代になると「太平海」に改められたが、寧も太平も「静か、穏やか」という意味である。この呼称が日本へも伝わって、明治に入って「**太平洋**」という呼称が定着したようだ。ちなみに、大西洋という漢字による呼称も『坤輿萬國全圖』で初めて用いられ、日本でもそのまま使われるようになった。

日本海の呼称問題

「世界地図の**日本海（Sea of Japan）**の名称は**トンヘ（東海・East sea）**に改称すべきである」、1992年の第6回国連地名標準化会議で、韓国の代表団が突然このように主張し始めた。日本海は戦前の日本の植民地政策に基づく呼称で、公海に対して特定の国の名をつけるのはけしからん、不適切だという理由のようだ。トンヘ（東海）は朝鮮半島の東側の海という意味で、韓国の人々は古くからそう呼んでいる。

しかし、日本海という名は日本人が自分たちで名づけたわけではない。太平洋もそうだが、そもそも日本人は自国の周囲の海に対していちいち特別な呼び方をしていない。日本海という名はすでに前述の『坤輿萬國全圖』の中でも見られる。さらに、19世紀初めに日本海を航行したロシア海軍のクルーゼンシュテルン提督が、航海後に作成した地図の中で「Mer du Japon」と記載すると、以後、ヨーロッパで発行された地図では「Sea of Japan」「Japan Sea」の呼称が一般化した。日本海という呼称は、太平洋と同じように日本とは関係なく19世紀以降にヨーロッパで確立したものであり、その後200年にわたって国際社会で定着してきた地名だ。日本が日本海という名を使うようになったのは、ヨーロッパの国々よりもむしろ遅かったのだ。

2000年から2002年にかけて日本政府は、海外の主要60か国で市販されている世界地図について日本海がどのように表記されているのか調査した。結果は全392枚のうち、97%にあたる381枚が、英語あるいは自国語で日本海のみを表記した地図であった。残る3%の11枚の地図は、日本海と表記し、( )内にトンへを付記したものや日本海の表記の後にトンへなどを併記したもので、トンへのみを表記した地図は1枚もなかった。

しかし、韓国側は国際機関や世界の主要国に対してトンへを認めるようアピールを続けており、トンへを併記した世界地図の割合は、2009年には28%まで高まった。その後、世界最大規模の海外旅行ガイドブックである『ロンリープラネット（Lonely Planet)』や世界最大のニュースメディアである「CNN」もトンへを併記するよう

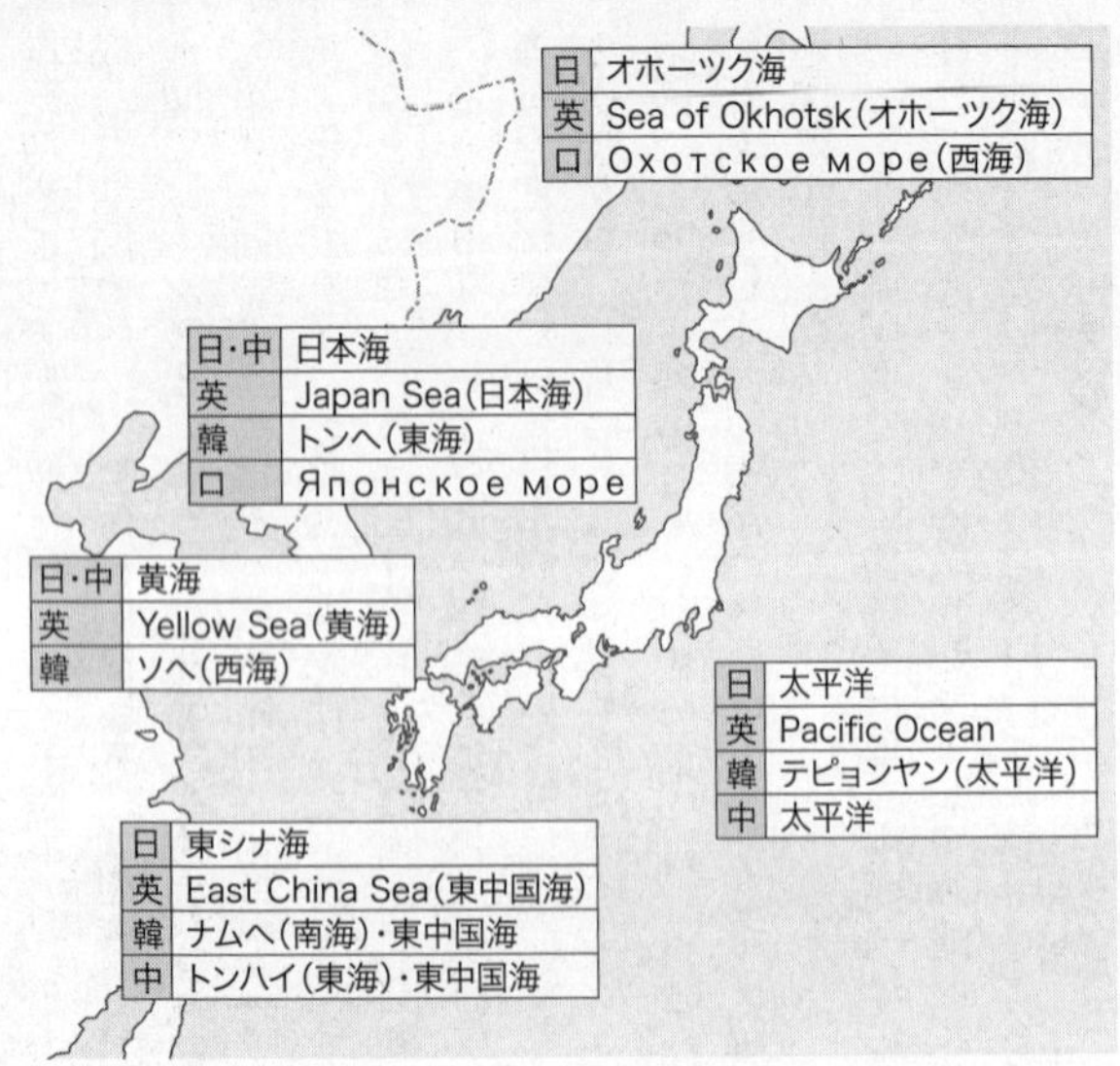

日本の周囲の海を近隣の国々はどう呼んでいる？

になり、最近のトンヘ併記率は約40％まで増えている。

オホーツクは何語？

北海道の北、**オホーツク**（Okhotsk）の名はツングース語で川を意味するオカタ（Okata）がオホタ（Okhota）に変化し、それにロシア語で町を意味する接尾語のスク（sk）が付いたものだ。本来はロシア人がこの海の沿岸に拓いた町の名だったのが、やがて海の名にも転用されるようになった。

東シナ海は差別語？

九州の西に広がる**東シナ海**は、英語では「East China Sea」だが、韓国では朝鮮半島の南側の海だから南海（ナムヘ）と呼び、韓国から離れた台湾の近海まで含めた広域の海については東中国海と呼んでいる。中国は自国の東にあるので東海（トンハイ）と呼んでいるが、国際的には東中国海と呼ぶこともある。

シナ（支那）という呼び名はかつて日本人が中国を侮蔑して呼んでいた差別語と受け止めている人が中国には多くおり、中国側もシナあるいは支那という呼称を使っていないため、東シナ海ではなく東中国海と呼ぶべきだという意見が日本国内にもある。しかし、シナという言葉はインドシナなどの地名にも含まれ、日本の学校で使う地図帳などでは東シナ海の表記が定着している。

8　リアス海岸の「リアス」ってナニ？

リアス海岸は、のこぎりの歯のように出入りの多い海岸線が特徴で、多くの湾や入り江が形成されており、天然の漁港として利用されることが多い。「リアス」の語源

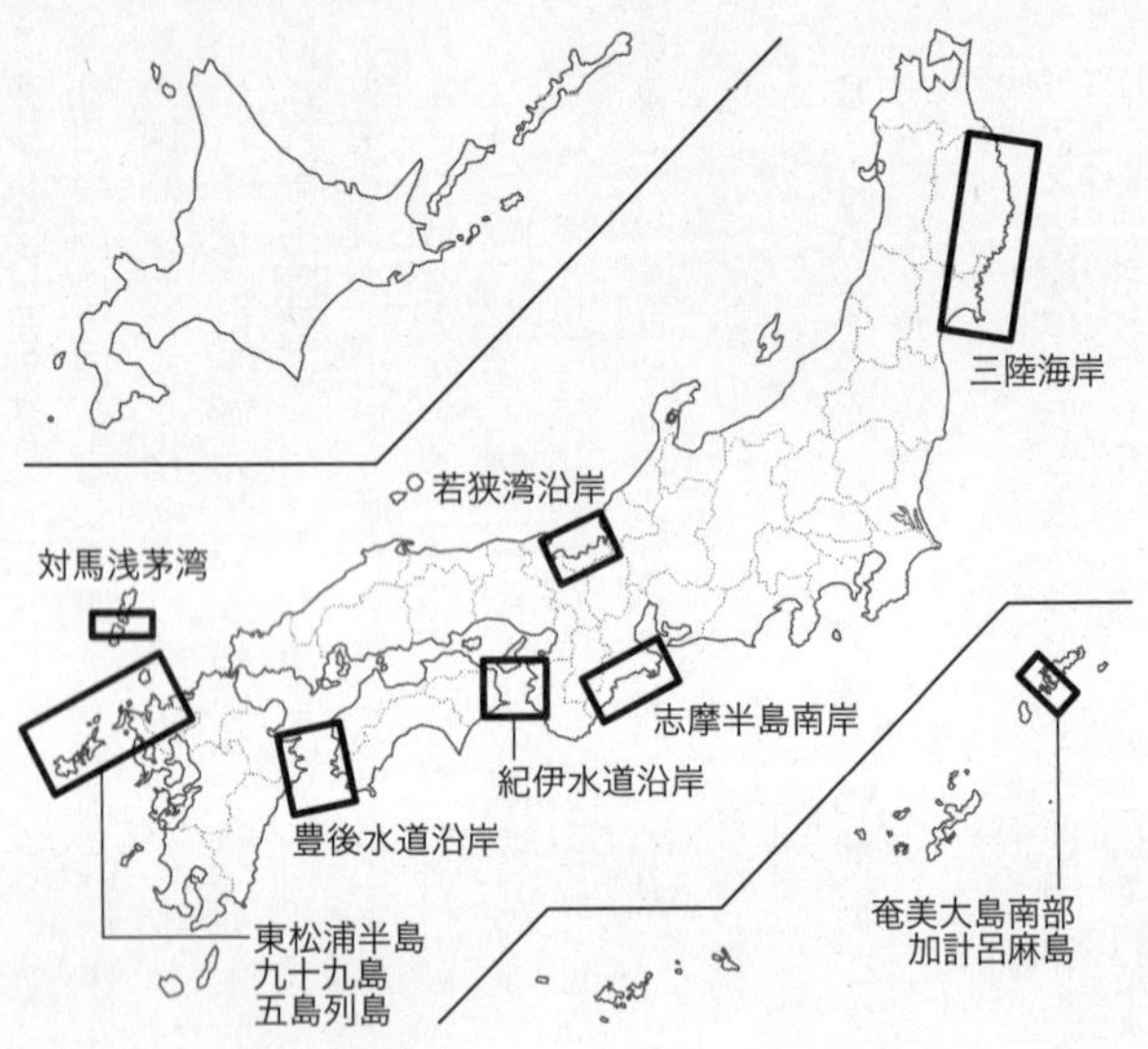

日本のおもなリアス海岸

は、スペイン北西部のガリシア地方の海岸に多く見られる入り江を意味するスペイン語の**リア**（**ria**）に由来する。

なお、リアス海岸の成因について、山地が海に沈降したためと説明されることが多いが、これは必ずしも正確ではない。リアス海岸として、まず誰もが思い浮かべるのは東北の**三陸海岸**だろう。日本地図を眺めると三陸海岸付近の海岸線は太平洋側に大きく出っ張っており、とても沈降地形には見えない。実際、三陸海岸は沈降海岸ではなく、その逆に40万年前頃からゆっくり隆起し続けている。三陸海岸北部には隆起地形である海岸段丘も見られる。三陸海岸がリアス海岸になったのは、最終氷期以降の海水面上昇にともなう山地への海水の浸入が原因と考えられている。

他に日本地図でリアス海岸の発達した地域を探してみると、紀伊水道を挟んだ和歌山県西部と徳島県東部、豊後水道を挟んだ愛媛県西部と大分県東南部に見つけることができる。これらの地域のリアス海岸は沈降によってできた。中央構造線に沿う紀伊山地・四国山地・九州山地は、かつて一つの長大な山地帯であったのが、地殻変動によって紀伊水道と豊後水道の部分が大きく沈降し、2つの水道の対岸がリアス海岸となったと思われる。三重県の志摩半島、福井県の若狭湾なども同様で、三陸以外のリアスは沈降海岸が多い。

なお、本書ではリアス海岸と表記したが、「学校では確か**リアス式海岸**と習ったはずだが……」という方が多いと思う。英語では rias shoreline と表記し、日本語の「式」に該当する表現はなく、近年は日本でも学術用語としてリアス海岸の表現が一般化している。学校で使う教科書も今はリアス海岸と記載されている。

9　シラス台地の「シラス」ってナニ？

シラスについて2つの誤解がある。まず、カタカナで書くので、リアスやカルストのように外来語と思われがちだが、**シラス**とは、白砂または白洲を意味する鹿児島の方言で、南九州に広く分布する白色で砂質のパサパサした火山堆積物のことをいう。

また、シラスは桜島や霧島の火山灰が積もったものと誤解されているが、実際は、約2・5万年前頃に始良(あいら)カルデラを形成した火山活動の火砕流による噴出物が冷えて固まったもので、現在、鹿児島の人々を悩ましている桜島の降灰とは別ものである。

鹿児島県大隅半島中央部の**笠野原台地**は、シラスが20～200mの厚さに堆積している国内最大のシラス台地である。シラスは水持ちが悪く、肥料分も乏しいため農業には適さず、さらに大雨が降ると土砂災害を起こすことも多く、これをどう克服するかは、この地方に住む人々にとっては常に深刻な問題であった。

戦後は、灌漑(かんがい)事業や土地改良が本格的に進み、かつては作物といっても栽培できるのはサツマイモくらいに限られていたが、近年はキャベツ・ピーマン・メロンなど収益性の高い作物の生産も増えている。畜産もさかんで、黒牛や黒豚として全国的に人気の高い上質のブランド食肉が生産され、今や笠野原は九州でも先進的な農業地帯に変貌を遂げている。

農業以外の分野でも、かつては厄介者とされてきたシラスの特徴を逆に利用することが考えられるようになった。高い吸水性・軽量・耐火・断熱という性質は建材として最適であり、シラスを原料とする壁材は、化学物質を含まない安全な自然建材として評価が高い。

また、シラスは傷をつけずに汚れを落とすという特徴があり、古くから磨き砂として利用されていたが、近年はこの利点を活かし、石鹸・化粧品・洗剤・研磨剤などへの利用も進んでいる。

シラスのように火山砕屑物が堆積した地層として**関東ローム層**も知られている。ただ、「ローム」とは土壌区分の一種で粘土質の高い土壌を指すドイツ語のLehmであり、必ずしも火山性の土壌とは限らない。関東ローム層と命名したのは、ナウマン（92頁参照）

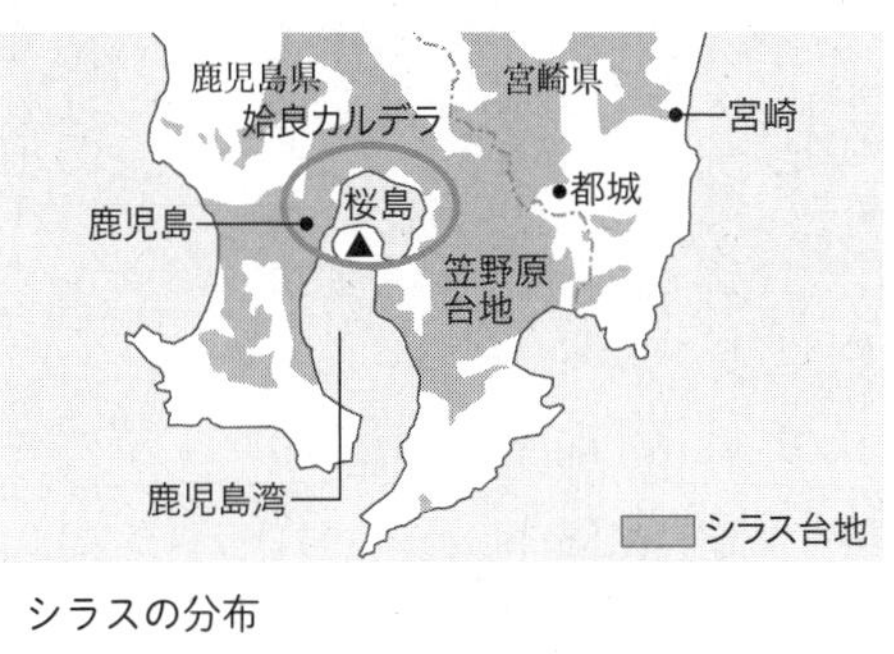

シラスの分布

の後任として明治中期に来日したドイツ人地質学者のダーフィト・ブラウンスだが、彼は関東ローム層の成因までは解明していなかった。

10 フェーン現象の「フェーン」ってナニ？

大正の頃、気象学者岡田武松は「フェーン」を漢字で「風炎」と表した。

フェーン現象とは、湿った空気が山を越え、風下側に吹き下ろすときに、大気が乾燥し、気温が異常に上昇する現象のことをいう。フェーンとはもともとはドイツ南部のアルプスの谷間に、とくに冬場に強く吹く局地風「**der Föhn**」のことである。

山地が多い日本では、季節を問わずフェーン現象は頻繁に起こる。たとえば、春先に日本海側で低気圧が発生すると、太平洋側から暖かく乾いた南風が吹き込み、日本海側の山を刺激して雪崩を誘発することがある。

夏場には、台風や前線が発生したときに起こりやすい。２００７年、熊谷市（埼玉）と多治見市（岐阜）で、それまでの国内最高気温だった山形市の40・8度を74年ぶりに更新する40・9度が記録され、さらに、２０１３年に四万十市（高知）で41・

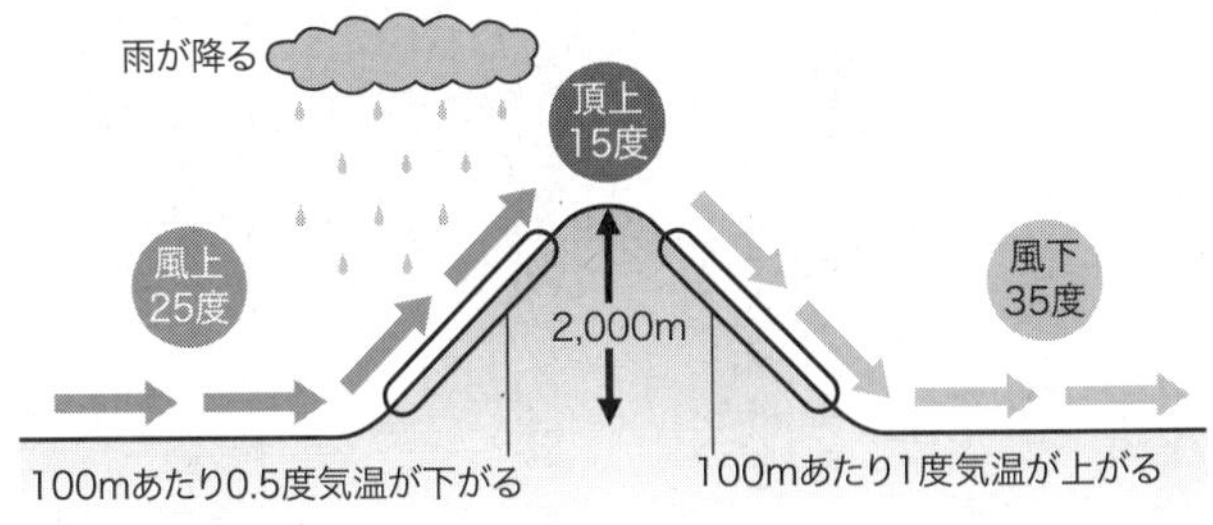

フェーン現象が起こるメカニズム

0度、2018年には熊谷市で41・1度が観測された。近年、最高気温の更新が相次ぐが、これらはすべてフェーン現象によるものである。

フェーン現象はどのように起こるのだろうか。

理科の授業で、気体は圧縮されると温度が上昇し、膨張すると温度が下がる性質があると習ったことを思い出してほしい。断熱膨張といって、エアコンや冷蔵庫に利用されている原理だ。風が山の斜面を上昇するときには気圧が低下するため、この原理によって空気の温度は下がる。一般には、100mにつき0・65度ずつ下がるとされている。しかし、湿った空気の場合、山を上昇し気圧が低下すると水蒸気が飽和状態になって凝縮し、霧や雲が発生して凝縮熱を放出するため、気温の低下は100mにつき0・5度ほどにとどまる。山を越えて下降するときには、水蒸気を放出したあとなので、空気は乾燥しており、100mにつき1度ずつ温度が上昇する。

フェーン現象と逆に山を越えて寒冷な風が吹き下ろす現象を**ボラ現象**という。冬の高気圧から吹き下ろす風は、湿度が低いために山を越えても温度の変化はほとんどなく、麓の地方に冷たい強風となって吹き下ろす。六甲颪・比叡颪・赤城颪など日本でも太平洋岸の地方に吹く**颪**（おろし）はボラ現象の一種だ。ボラの語源はギリシャ神話に出てくるボレアスだそうだ。

11 「梅雨」の語源はナニ？

梅が熟する季節に降る雨だから「梅雨」というのはホントだろうか？

梅雨とは6月から7月中旬にかけて北海道を除く日本付近など東アジアで見られる長雨のことだ。この時期には、オホーツク海方面から北日本に張り出した**オホーツク海気団**と、日本の南海上に勢力を広げ始めた**小笠原気団**の間に発生した**梅雨前線**が中国南部から日本列島にかけて停滞し、その前線に太平洋から湿った空気が供給され続けるために長雨が続く。

この長雨を日本人は「つゆ」と呼ぶが、漢字で書く「梅雨」は、本来は中国の言葉で「メイユー」と発音する。昭和初期に中央気象台のある技師が6月頃の停滞前線を「梅雨前線」と名づけ、それ以後、日本でもつゆに梅雨の漢字が使われるようになった。

梅雨という漢字の由来は、かつてはカビ（黴）が生えやすい時期の雨という意味の「**黴雨（メイユー）**」と呼んでいたのが、カビでは語感が良くないので同じ音で季節に合った梅の字を使い「**梅雨（メイユー）**」になったという説が有力だ。国語辞典で「ばいう」と引くと、梅雨と黴雨が併記されており、梅が熟する季節に降るからというのは俗説である。

「つゆ」は古くからの日本語で、液・汁・露(つゆ)などの意味があり、シトシト降る雨をそう呼んだのだろう。他にもカビで物がそこなわれる「費(つい)ゆ」とか、梅の実が熟し潰れる時期だから「潰(つ)ゆ」という説もあるが、黴雨や梅雨と関連づけるためのこじつけだろう。

季節による雨の呼び名

梅雨以外にも日本人は季節折々に降る雨をいろいろな名で呼んでいる。

・菜種梅雨（なたねづゆ）……3月から4月にかけて降る長雨。春霖(しゅんりん)ともいう。

・小糠雨（こぬかあめ）……春先に降る糠のように細かい雨。霧雨。

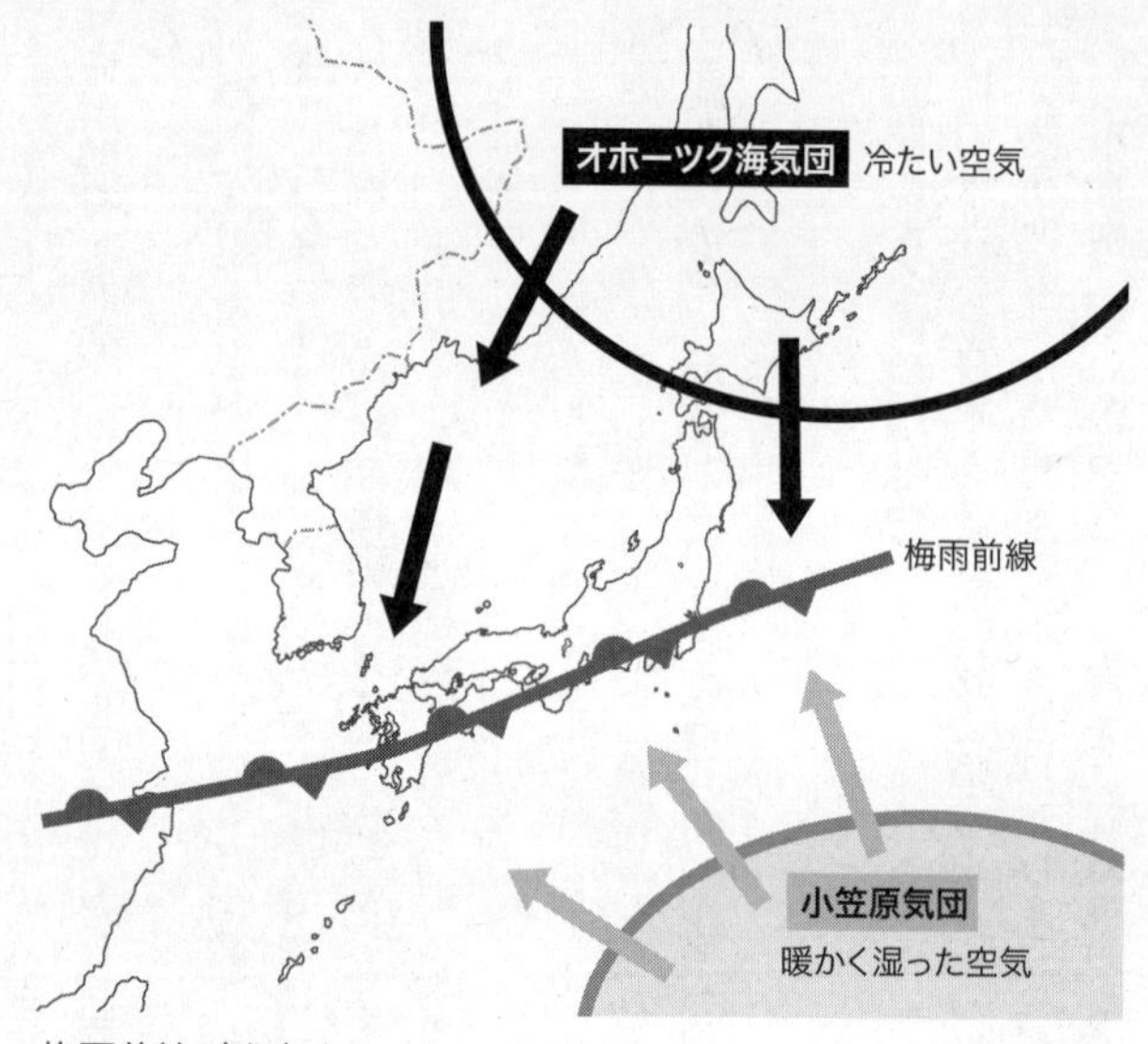

梅雨前線が発生するメカニズム

梅雨前期は、オホーツク海気団が強く、雨はシトシト降るが、小笠原気団の勢力が強まる後期には、雨はザーザー降る。さらに小笠原気団が強まると梅雨前線が解消し、梅雨明けとなる。

・甘雨（かんう）……春になり、草木の成長を助ける雨。
・穀雨（こくう）……穀物を成長させる雨、二十四節気の6番目で4月20日頃。
・翠雨（すいう）……草木の青葉に降りかかる雨。緑雨ともいう。
・麦雨（ばくう）……麦が熟する頃に降る雨。
・五月雨（さみだれ）……旧暦の5月に降る雨。今の暦では梅雨にあたる。
・秋霖（しゅうりん）……秋に降る長雨。

12 「台風」の語源はナニ？

台風とは北太平洋の南西部で発生し、激しい暴風雨をもたらす熱帯低気圧のことをいう。古くは、強風が野の草を吹いて分けるという意味で「**野分**（のわき）」と呼ばれ、平安時代に書かれた『源氏物語』の第二十八帖（じょう）の巻名に使われており、芭蕉（ばしょう）や蕪村（ぶそん）の俳句にも「野分」を季語として使った作品が見られる。

台風と呼ぶようになったのは明治以降である。当初は「**颱風**」の漢字が当てられていたが、戦後、当用漢字が定められると「台風」と表記するようになった。英語では

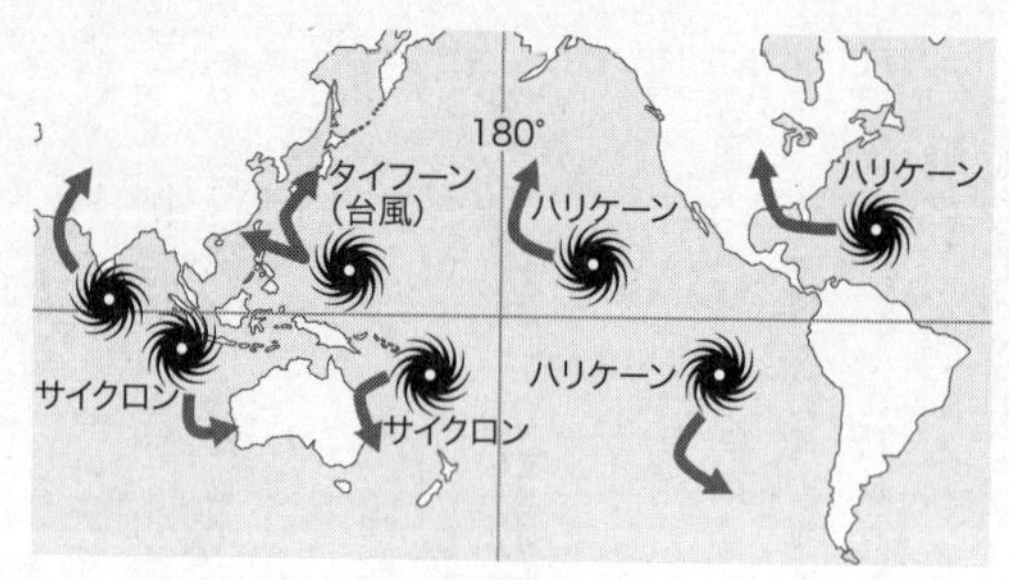

暴風雨をともなう熱帯低気圧の呼び名

東経180度以西・赤道以北の太平洋で発生するとタイフーン（typhoon）、大西洋や東経180度以東の太平洋ではハリケーン（hurricane）、インド洋や東経180度以西・赤道以南の太平洋ではサイクロン（cyclone）と呼ぶ。

タイフーン（typhoon）と呼ぶ。タイフーンは日本語の台風が転訛した言葉のように思われがちだが、実は逆で、ヨーロッパ諸国が東アジアへ進出するようになった16世紀のイギリスの記録にすでにタイフーンという表記があり、台風という語は英語のタイフーンを音訳したものである。そうなるとタイフーンの語源が気になるが、中国語広東方言の**タイフン（大風 taifung）**を由来とする説が有力である。

なお、厳密にいえば、気象庁では風速が毎秒17m以上（10分間平均）の熱帯低気圧を台風と定義しているが、国際的には毎秒33m以上（1分間平均）がタイフーンであり、まったく同じではない。また、台風は1号2号と発生順に番号で呼ばれるが、タイフーンは関係国で構成する台風委員会があらかじめ用意した140個の名前を用い、発生順に名づけることになっている。

13 和式・和風・和食の「和」ってナニ？

和式・和風・和食は洋式・洋風・洋食に対する言葉である。和式の「**和**」とは日本のこと、そして、洋式の「洋」とは西洋つまりヨーロッパのことである。「洋」は「西洋」を簡略化したものだ。それはわかるのだが、それでは「和」の由来は何だろう。

43頁で取り上げた和牛とは日本の在来品種の牛のことだ、日本牛とは呼ばない。他にも、和製、和室、和歌、和裁、和紙、和装、和服、和英、和訳、和菓子、和太鼓、和箪笥（だんす）、和包丁、和洋折衷など、日本を意味する〝和〟の字が付く言葉はとにかく数多い。これらの言葉が一般に広く使われるようになったのは、様々な西洋文化が入ってきた明治以降のことである。ただ、平安時代初頭に『古今和歌集』が編纂（へんさん）されたが、漢語で作られた漢詩に対し、当時、日本語で詠んだ詩を「和歌」と呼んでいたように、かなり古くから日本のことは「和」と呼ばれていた。

『漢書』や『後漢書』など古代中国の史料には、日本が「**倭**（わ）」と記述されていることは知られている。古代には、我が国の対外的な呼称は倭であった。しかし、〝倭〟という漢字には「辺境の地」「低身長の人」などの意味があり、倭は日本を蔑視した呼称なのだ。そのため、国内では倭に替えて、同じ音の佳字である〝和〟の字を当てるようになったと考えられる。

それでは、なぜ中国では日本を「わ（倭）」と呼んだのだろうか。「**わ**」の語源としては、わが国やわが君というように、日本人は一人称として「わ（我・吾）」という言葉を使う。1世紀頃、朝貢のため渡海した日本の使者が「わ」と自称していたために、中国側では「わ」に〝倭〟の漢字を当て、日本人を倭人と呼んだという説が平安時代の『弘仁私記（こうにんしき）』に記されている。

なお、中国や台湾など漢字圏の国々では、和風や和式を意味する言葉として「**日式**」という表記が使われている。日式食堂や日式温泉などの看板がペキンやタイペイ市内で見かけられる。

14 郵便局は「〒」お寺は「卍」地図記号の由来はナニ？

地図記号とピクトグラム

「〒」が**郵便局**を表す記号に制定されたのは1887（明治20）年のことで、当時、郵便事業を管轄していた逓信（テイシン）省の〝テ〟の字を図案化したものだ。当然、日本だけのものである。ドイツやスイスなどヨーロッパでは、上のようなホルンを郵便マークに使っている国が多い。ヨーロッパでは、郵便馬車が町に到着するとホルンを吹いて町の人々に知らせた事に由来する。

神社の地図記号は鳥居の形そのものでわかりやすいが、**寺院**はなぜ「卍」なのだろうか。卍は仏教では平和や繁栄を表す意味を持ち、古くから使用されていた吉祥（きっしょう）の印である。気付く人は少ないが、寺院や仏閣では欄干や仏像の裏などいろんなところに卍が使われている。海外では教会やモスクを表す地図記号はあっても、神社や寺を表す記号はもちろんない。

稲作が盛んな日本では、**田**を表す地図記号がある。「ıı」は稲を刈り取ったあとの稲株を図案化したものだ。実は、大正～昭和30年代まで、田の記号はもっと細かく区分されていた。現在の地図記号では田を表す「ıı」は乾田を表し、図のように下線が1本付くと水田、2本付くと沼田を表していた。かつて、このように細分されていたのには意外な理由

地図記号とピクトグラム

がある。現在、日本の各種地形図や地勢図の作成などを行っているのは国土地理院だが、戦前は陸地測量部が地図の作成を担当していた。ただ、この機関は陸軍参謀本部の管轄下にあり、地図は軍事上の重要な情報として作成されていた。そのため、乾田は兵隊・戦車・大砲が通行可能、水田は兵隊・戦車が通行可能、沼田はすべて通行不可、つまり軍隊が通行可能かどうかを判断するための地図記号だったのだ。

消防署の地図記号は昔の火消しの道具であるさすまたを図案化している。**交番**の地図記号は交差させた警棒（六尺棒）を図案化したものだ。日本人でもほとんどの人はその由来を知らない。まして、日本独自の地図記号は外国の人には非常にわかりづらい。そのため、国土地理院では外国人にわかりやすい地図記号の検討を進め、２０１６年に15種類の外国人向けの地図記号を発表した。上の左３つのピクトグラムは、右から寺院・郵便局・交番の外国人向けの地図記号である。ただし、あくまでも外国人向けの地図などに使われるものであり、従来の地図記号自体に変更はない。

第3章 基準・定義が気になる疑問

1 日本ってホントは狭い国？ それとも広い国？ 領土・領海・領空の定義とは？

日本ってホントは広い国⁉

カナダを旅行する機会があった。帰路はトロントからの飛行機だったが、トロント空港を飛び立って6時間ほど経ってもまだカナダ上空を飛んでいた。日本から6時間といえば、東へ飛べばハワイ付近、南ならばベトナムあたりになる距離だ。カナダはロシアに次いで世界第2位、日本の約26倍の領土を保有している。カナダは予想以上にでっかい国だった。

ちなみにロシアはなんと日本の約45倍の広さである。こういう数字が示されると、やはり日本は狭い国なのかなと思ってしまう。しかし、世界の1位や2位の国と比べるからそう思えるのであって、実際、日本は決して狭い国ではない。世界１９７か国のうち、日本の国土面積は第61位、世界の3分の2の国は日本よりも狭い。

アジアの中では47か国中第17位、ヨーロッパの国々と比較すると、ロシアを除くヨーロッパ42か国のうち、日本より広い国はウクライナ、フランス、スペイン、スウェ

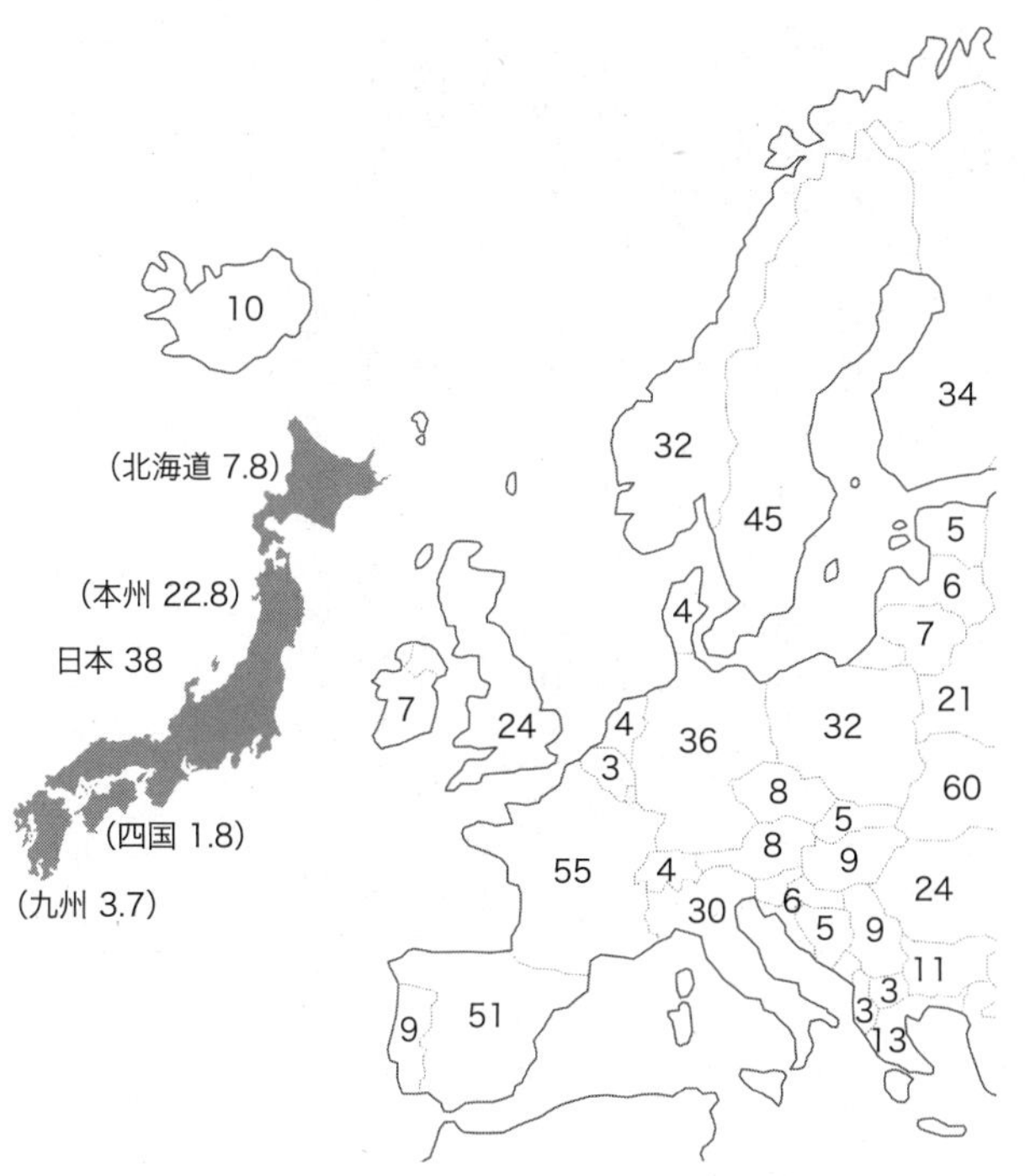

同縮尺の日本とヨーロッパ　※数字は国土面積（単位：万㎢）

ーデンのわずか4か国にすぎない。同じ島国のイギリスは日本の3分の2ほど、ベルギーは九州よりも小さく、最小のバチカン市国は東京ディズニーランドよりも小さいのだ。

領土と領海

国土すなわち**領土**とは、その国の主権が及ぶ範囲の土地である。主権は統治権ともいう。他国から支配や干渉を受けない独立した権限のことだ。

領海は、領土の周囲の一定範囲の海域で、沿岸国の主権に服する海域である。沿岸国は領海において、排他的に漁業などの経済活動を行い、領土と同様に警察権を行使し、防衛または安全のための軍事行動をとることができる。

ただ、昔から現在のような領海という概念があったわけではない。歴史を振り返ると、中世以前には「海はみんなのもの」だった。15世紀末からコロンブスなどが活躍する大航海時代になると、「海は、力のある国が支配する」という勝手な論理がはびこるようになり、近世以降は、「近海は沿岸国のもの、それ以外はみんなのもの」という、**領海**と**公海**を区別する考え方が定着する。

しかし、そうすると近海つまり領海とはどれくらいの範囲を指すのかということが問題となる。18世紀には、「主権の範囲は武力が尽きるところまで」という考えから、

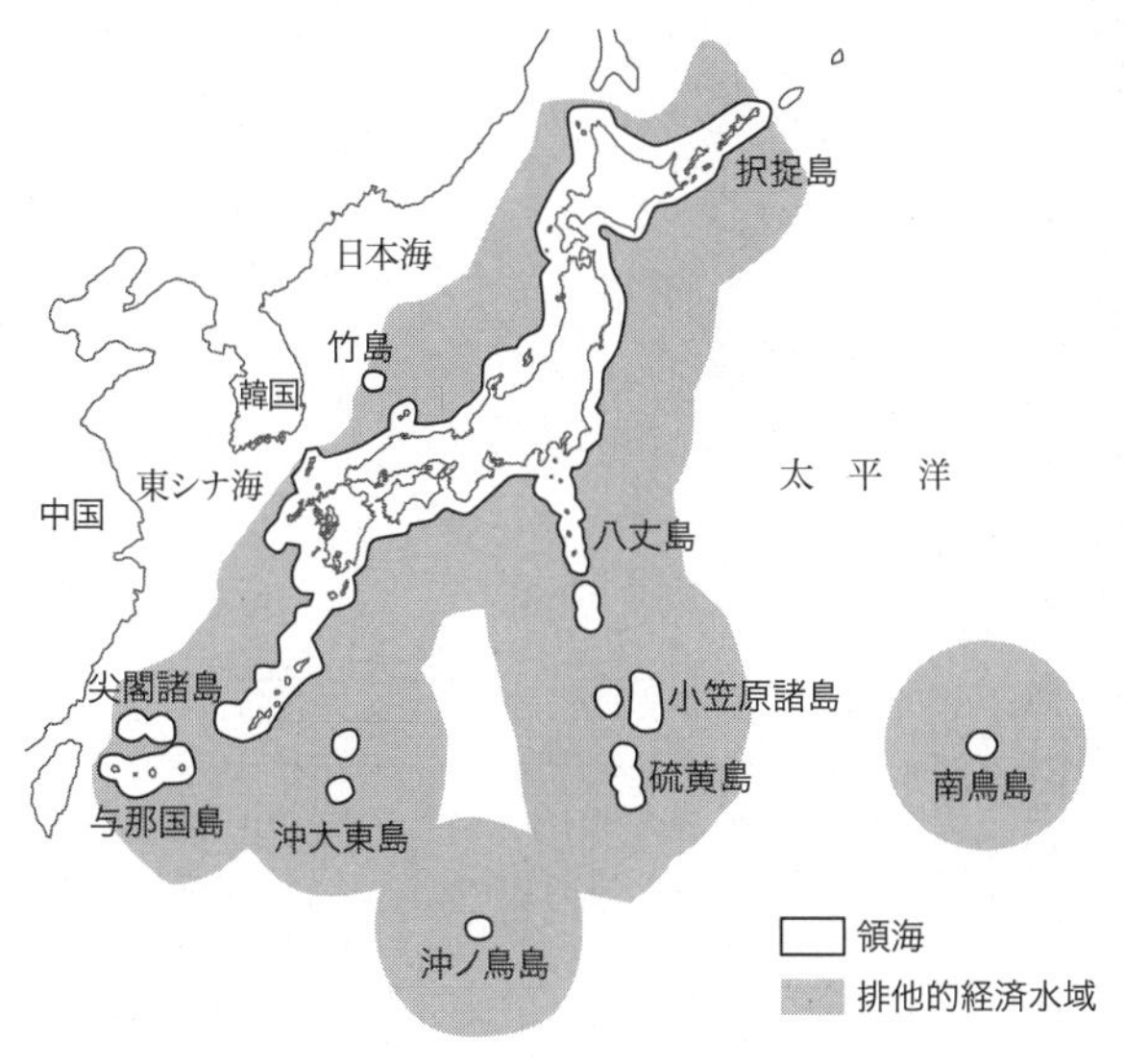

日本の領海と排他的経済水域

「**着弾距離説**」が広まり、各国は沿岸から**3海里**の範囲を領海とするようになった。着弾距離というのは、撃った大砲の弾が届く距離のことで、当時はおよそ3海里（約5・5km）であった。

なお、1海里は約1852mである。中途半端な数字に思えるが、これは緯度1分の距離である。地球の全周は約4万kmなので、その360分の1が緯度1度、さらにその60分の1が緯度1分、つまり4万km÷360÷60で約1852mとなったわけである。

領海3海里時代は、第二次

世界大戦前後まで続く。しかし、20世紀後半、世界中のどこでも米ソの大陸間弾道ミサイルの射程距離内となり、着弾距離3海里は根拠がなくなった。さらに、漁業権や石油採掘権など各国の思惑が絡み、領海を3海里よりも広く主張する国々が増え始め

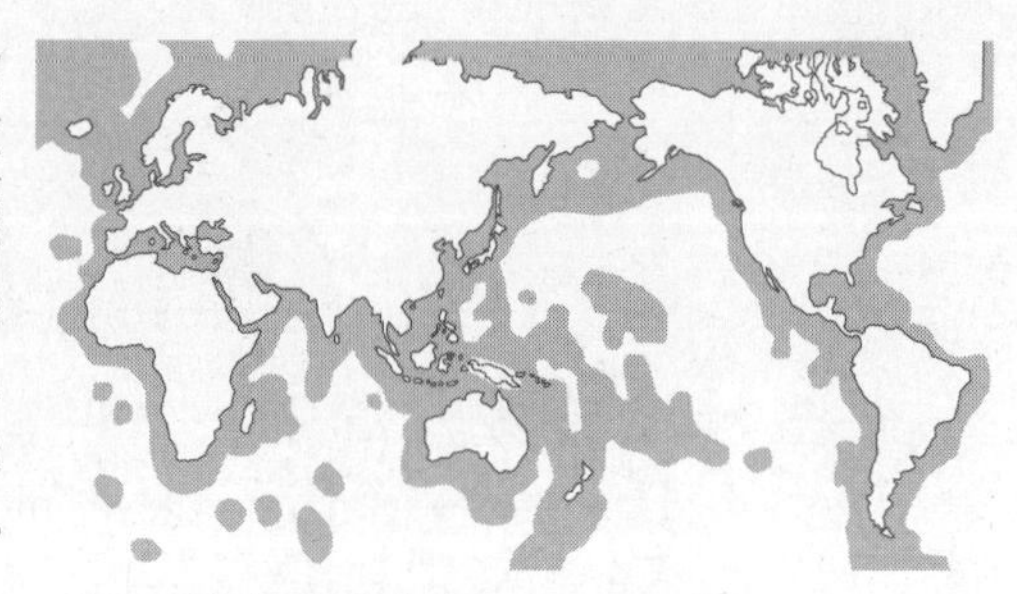

世界の排他的経済水域

①	アメリカ	762万km²
②	オーストラリア	701万km²
③	インドネシア	541万km²
④	ニュージーランド	483万km²
⑤	カナダ	470万km²
⑥	日本	447万km²
⑦	ロシア(旧ソ連)	449万km²
⑧	ブラジル	317万km²
⑨	メキシコ	285万km²

世界主要国の管轄海域面積（領海＋排他的経済水域）

アメリカ国務省資料に基づく。なお、ロシアは旧ソ連のバルト海や黒海沿岸諸国も含むため、実際は日本より下位になると判断した。

る。アンチョビ漁の権益を守ろうとするペルーなど南米の一部の国は領海200海里を主張する。

そこで1970年代、領海の外側に**排他的経済水域**を設定することが提案され、その後、領海**12海里**と排他的経済水域**200海里**という形が国際社会で定着するようになる。排他的経済水域内では、水産資源や鉱産資源は沿岸国に権利が認められている。しかし、どこの国の船舶でも航行については公海と同様に自由である。

経済水域と日本

海に囲まれた日本は、本土からはるか離れた洋上にも沖ノ鳥島や南鳥島などの島々を領有し、広大な排他的経済水域を保有している。領海と経済水域を合わせた面積は447万㎢に及び、これは国土面積の約12倍、ヨーロッパ地中海の約1・5倍に相当し、日本は堂々の**世界第6位**の海洋保有国である。また、日本の排他的経済水域には、日本海溝など深海が多く、6000m以深の海域の保有はなんと日本が世界一だ。

それらの深海には、レアメタルを含む熱水鉱床やニッケルやコバルトの鉱床が確認されており、さらに日本周辺の海底は次世代エネルギーと期待されているメタンハイドレートの埋蔵量も豊富だ。まだ探査や研究段階だが、多くの資源を海外に依存している日本にとって広大な排他的経済水域は「恵みの海」、日本が資源大国に変貌する

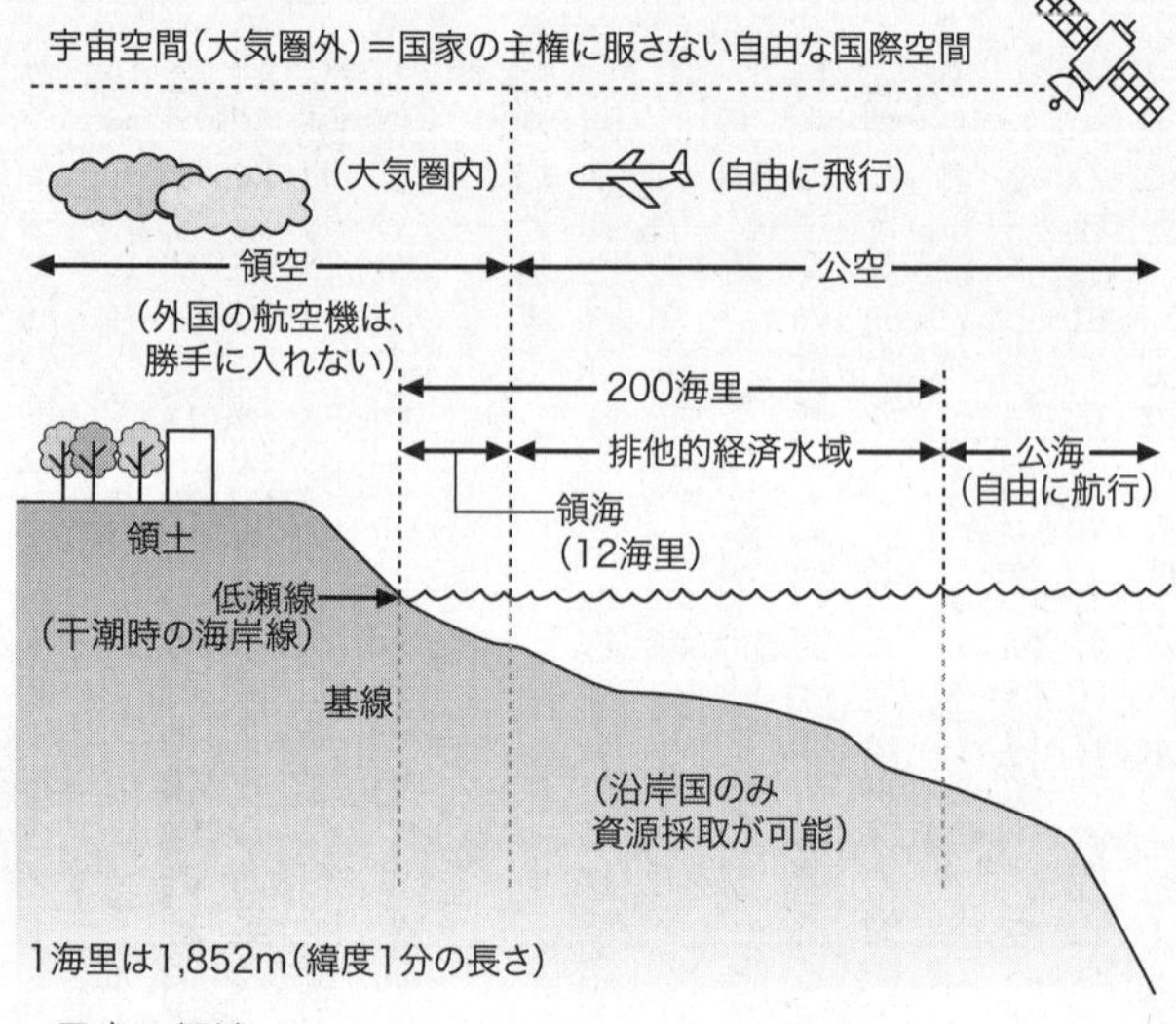

国家の領域

こともあながち夢物語ではないかもしれない。

領空ってどこまで？

領空は領土・領海の上空の国家領域であり、他国の航空機は許可なく飛行することはできない。しかし、領土や領海の上空にも国家の主権が及ぶなどとは、気球や航空機が登場する20世紀初頭までは誰も考えなかった。第一次世界大戦が勃発すると、各国は自国の上空へ侵入する航空機を警戒するようになり、そこで戦後の１９１９年、「国際航空条約」によって主権が及ぶ領空という概念が確立する。しかし、当時はまだはるか上空の宇宙空間を人工衛星が飛び交うことまでは想定しておらず、領空の上限については明確にされなかった。

戦後は、米ソをはじめ各国の宇宙開発が活発になり、1967年、「宇宙平和利用条約」が発効すると、宇宙空間の領有は禁止され、領空の上限、つまり主権が及ぶ範囲は大気圏・引力圏に限定されるようになった。

四囲を海に囲まれ、直接、外国と国境を接していない島国に暮らす日本人は、領土・領海・領空という概念がどうしても希薄になりがちだ。しかし、**北方4島**はいまだロシアの統治下にあり、島根県の**竹島**は、不法な支配を続ける韓国によって日本の領有権そのものが否定され、日本の領土であるそれらの島々にはわが国の統治権が及んでいないという現実がある。望ましい国際関係の確立には、国どうしの主権の尊重や信頼が不可欠であり、自国の利益のみを追求する偏向した領土意識は避けねばならないが、もっと日本人は領土に対する認識を深めねばならない。

2　日本に島はいくつある？　島の定義とは？

どれくらいの大きさから島と呼ぶのだろうか？

日本最南端の沖ノ鳥島（北小島）は海抜１ｍ、面積はわずか７・９㎡というちっぽけな島だ。それならば、もっと大きな東京湾の台場や伊勢二見浦の夫婦岩（めおといわ）も島なのだろうか？

国語辞典によると、**島**とは「周囲を水に囲まれた陸地」と定義されている。それでも、三重県二見浦の夫婦岩のような周囲20ｍほどの岩を島と呼んだりはしない。しかし、日本最南端の島として知られる**沖ノ鳥島**は、海水面からわずか１ｍほど顔を出しているだけで広さは4畳半ほど、夫婦岩よりずっと小さいにもかかわらず島と呼ばれている。島の定義はどのようになっているのだろうか。

実は島に関して明確な定義はない。海上保安庁は「満潮時に海岸線の総延長が１００ｍ以上ある陸地」を島と定義している。そうすると日本列島を構成する島の総数は１万４１２５。総務省統計局もこの数値を採用している。しかし、国土地理院では島

都道府県別島嶼数（2023）

都道府県	島嶼数
長崎県	1,479
北海道	1,473
鹿児島県	1,256
岩手県	861
沖縄県	691
宮城県	666
和歌山県	655
東京都	635
島根県	600
三重県	540

※意外だが、瀬戸内６県はランキング外。

資料：国土交通省

おもな有人離島の人口（2020）

島	人口
奄美大島（鹿児島）	57,511
佐渡島（新潟）	51,492
宮古島（沖縄）	47,676
石垣島（沖縄）	47,637
福江島（長崎）	31,945
対馬島（長崎）	28,374
種子島（鹿児島）	27,690
小豆島（香川）	25,881
壱岐島（長崎）	24,678
徳之島（鹿児島）	21,803

※本土と橋などで繋がっている島は除外（淡路島など）

資料：国土交通省

の定義を「電子国土基本図に描画された全ての陸地」としており、そうすると島の総数は12万7２９という かなりの数になる。

国際的には、**「国連海洋法条約」**によって「自然に形成された陸地であって、高潮時においても水面上にあるもの」が島と定義されている。この定義により、夫婦岩よりもちっぽけな沖ノ鳥島が、国連の大陸棚限界委員会に島として認定されているのだ。

日本列島を構成する島々

日本列島は多くの島々で構成されているが、日本の総人口の99・5％は、本州・北海道・九州・四国・沖縄本島のわずか５島に居住している。５島以外の

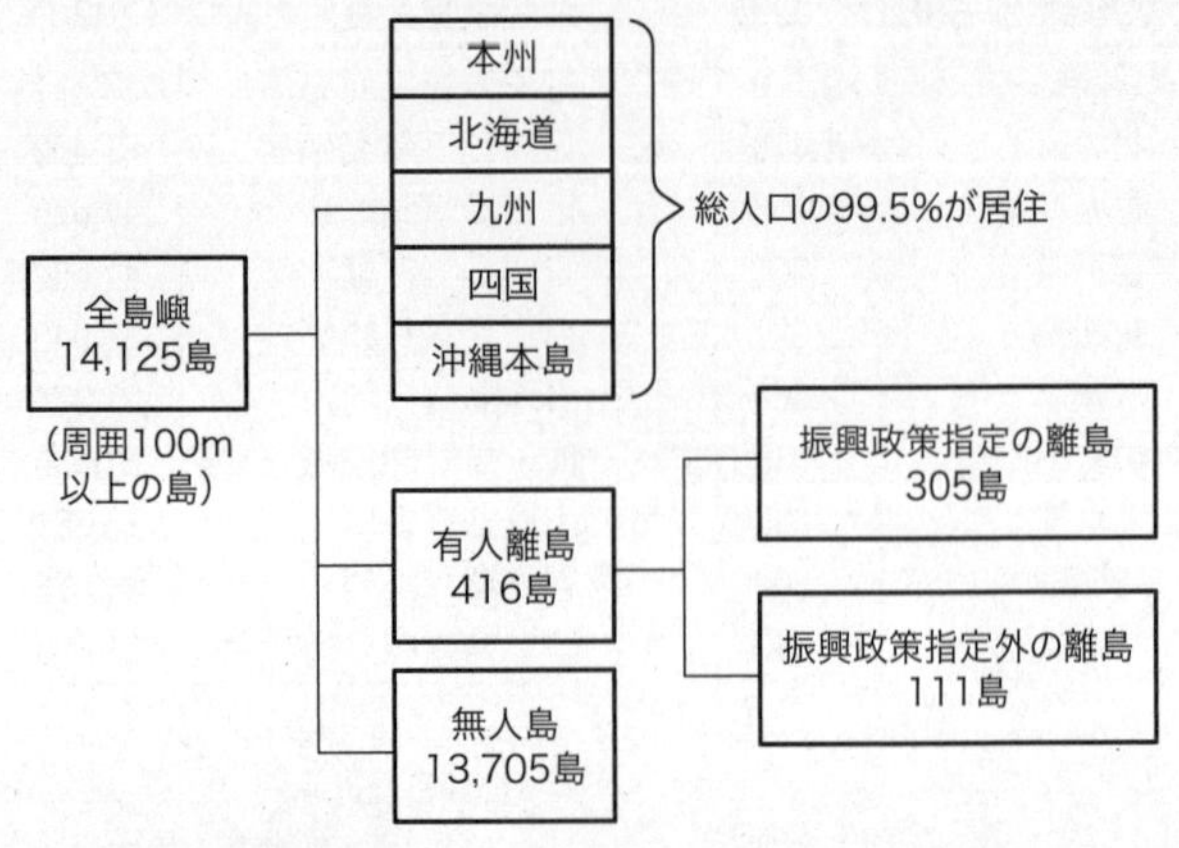

日本の島嶼の構成

国土審議会第８回離島振興対策分科会資料より作成。なお、測量技術の進歩により、2023年、日本の島の数は１万4125であることが確認された。

島々は離島と呼ばれる。離島のうちでも人が居住している島は416島、日本列島を構成する島々のうち、なんと99％以上は無人島なのだ。

有人離島は、瀬戸内海のような内海部から北は北海道の礼文島、東南は小笠原諸島、西南は沖縄八重山群島など外洋部まで全国に分布している。それらの島々の中には、淡路島や天草島のように本土と橋で結ばれ、人口も多く離島ということを感じさせない島もある。しかし、多くの島々は、周囲が海という地理的条件に加え、過疎化や少子高齢化、それにともなう産業活動の停滞、さらに教育・医療・福祉・交通など生活環境の面でも多くの難問を抱えている。これらは離島に限らず山間僻地にも共通する課題だが、ただ離島が山間僻地と決定的に違うのは交通事情だ。昨今は、国内のどのような山奥でも道路が整備され、自動車で1時間も走れば町へ買い物に出ることができる。しかし、自動車で島外へは行けない離島の場合、島民の時間的・経済的制約の大きさは山間僻地の比ではない。

現在、**離島振興法**や特別措置法によって、305の離島が振興地域の法指定を受けている。しかし、それら法指定の離島のうち、約4割にあたる127島は人口が100人以下、そのうち、いつ無人化しても不思議ではない人口10人以下の島が25島もある。

3　河口と水源地、一級河川と二級河川　河川の定義とは？

川の長さはどこからどこまで

山の高さは海水面から山頂までの標高、これは明解でわかりやすい。それでは川の長さ、すなわち流路延長はどこからどこまでを指すのだろうか？　一口にいえば、河口から水源地までの距離である。しかし、河口や水源地とはどのような箇所をいうのだろう？ また、川は上流で多くの支川に分かれることが多いが、どれがその川の長さを決める本川なのだろう？ 川の長さを決めるにはいろいろ気になる疑問が多い。

まず、**河口**とは川が海と交わる地点を指し、川の長さを決める原点となる。ただ、河口は山頂とは違って長年の間に位置が変わることがある。たとえば、荒川や信濃川のように、治水のために放水路が掘削されて新しい川がつくられた場合や、東京湾や大阪湾の臨海部のように河口付近の埋め立てが進行して河口の位置が海側へ移動した場合などである。

しかし、国交省によって原点として定められた河口は、その後、実際の河口が別の場所に変わることがあっても、原則としてその位置を修正変更することはしない。なぜなら、水位や流量を観測する流域の各地点の位置は、河口からの距離で表示されており、河口の位置を変えると、それらの距離表示をすべて変更しなければならない。河川の管理システムへの支障が大きいのだ。

大きな河川では、川の長さの原点となる河口には、「河口から０㎞」と表記した通称**ゼロポイント**の標識が設置されている。東京湾へ流れる荒川のゼロポイントは、葛西臨海公園付近にある実際の河口よりも約４㎞上流に設置されている。川の長さの原点となる河口は、必ずしも実際の河口とは一致しないわけだ。

水源地の定義もわかりづらい。水源地といえば、実際に水が湧き出している地点のことと誰もが思うだろう。ホントはそれが正しいのだが、標高の高い山間部の湧出地点をくまなく調査するのは困難であり、また湧出地点は天候や季節で位置が変わることがある。国交省が実施する河川現況調査では、便宜上、**分水嶺**（ぶんすいれい）つまり降った雨の水が流れ出す最高地点である山の稜線（りょうせん）をその川の水源地として採用している。実際に水が湧き出し、流れ始める水源地と、河川調査時の水源地も同じではないわけだ。

川は上流へ遡ると多くの流れに枝分かれするが、その川の長さとなるのは、枝分かれした流れのうち流路延長が最長の川の長さである。最長の川を**本川**または幹川（かんせん）という。たとえば信濃川は、長野県内で北アルプスを源流とする犀（さい）川と関東山地の甲武信（こぶし）岳を源流とする千曲（ちくま）川に分かれるが、流路延長が長い千曲川のほうが本川である。しかし、多くの支川のうち、どの川が本川にあたるのかを決めるのは容易ではない。測量技術が進んだ現在、かつて最長と思われていた本川よりも長い支川が見つかることもある。それでも、原則として本川を別の川に変更することはないそうだ。

一級河川と二級河川の違い

岐阜の市街地を東西に流れる両満（りょうまん）川という川がある。１３５頁の写真の川だが、川幅はわずか１ｍほど。川というよりも、どう見ても側溝にしか見えない。しかし、この両満川は**一級河川**である。

河川は一級河川、二級河川、準用河川、普通河川に分類することができるが、その違いは何だろうか？　どうして両満川のような小川が一級河川に指定されているのだろうか？

水源から河口にいたるまでの本川や支川のまとまりを**水系**といい、一級二級の呼び方は水系ごとに決められている。国土保全や国民経済上とくに重要な水系で国が指定したものが**一級水系**、一級水系以外で、都道府県が指定した公共の利害に重要な関係がある水系が**二級水系**である。一級水系には２つ以上の都府県にまたがって流れる川が多く、全国で１０９水系が指定されている。二級水系は全国で２７１３水系が指定され、ほとんどは同一県内を流れている。

一級河川とは、一級水系に属し、河川法の適用を受ける河川で、**二級河川**は二級水系に属する河川をいう。市町村が管理する河川を準用河川、それ以外を普通河川という。

本川となる川が一級河川ならば、その大小にかかわらず支川も一級河川に指定される。一級水系の河川はどんなに小さな支流であっても二級河川に指定されることはない。

写真の両満川も、わずか１ｍの川幅であっても一級水系の長良川の支川であるため、一級河川に指定されている。ちなみに両満川は写真の地点から2km下流では川幅は5m、5km下流の長良川との合流地点付近では約30mまで広くなる。

岐阜県は海に面していないため、県内を流れるすべての河川は、木曽川・長良川・庄川など県境を越えて他県へ流れる一級水系に属する河川であり、岐阜県内には二級河川は一つもない。岐阜県のように海に面していない奈良・滋賀・長野・群馬・栃木・埼玉の各県にも二級河川は存在しない。ただ、例外として、山梨県の富士五湖とそこに流入する河川は、海へ流れるどの水系にも属していないので、二級河川に指定されている。

大きな川のない沖縄県には、一級河川が一つもない。

川幅1mの一級河川 両満川

右岸と左岸ってどちら側?

島や湖の場合は南岸や北岸、山の場合も東麓や西麓など位置を表すのに東西南北を使うが、川の場合は左右を使って、左岸や右岸と呼んでおり、これに戸惑う人が多い。蛇行や曲流をする河川では南岸や西岸という表現はかえってわかりづらく、そのため、国際的にも河川の場合は右岸・左岸という言葉を使う慣習がある。上流から下流に向かって左側を左岸、右側を右岸と呼ぶ。川下りの観光船に乗って川岸の風景を楽しむとき、進行方向に向かって左側が左岸、右側が右岸と覚えるとわかりやすい。

4　３００年も噴火していない富士山がなぜ活火山？　活火山の定義とは？

活火山とは

日本が、**環太平洋造山帯**に属する世界有数の火山国であることは知られている。近年、富士や箱根、九州の阿蘇や霧島など火山特有の景観を求めて海外から多くの観光客が訪れるようになった。なにせ、世界の陸地のわずか０・25％にすぎない日本の国土に世界の全火山の約７％にあたる１１１の火山があるのだ。

火山といっても、桜島のように1年間に１０００回以上も噴火する活発な火山もあれば、三宅島（雄山〈おやま〉）のように20〜30年間隔で噴火を繰り返す火山もある。その一方では、乗鞍〈のりくら〉岳など有史以来（文献による検証可能な時代）噴火の記録がない火山が、１１１の活火山のうち約30ある。活火山とはどのような火山をいうのだろうか？

学校で習った方もおられると思うが、かつては桜島や阿蘇のように現在も活発に活

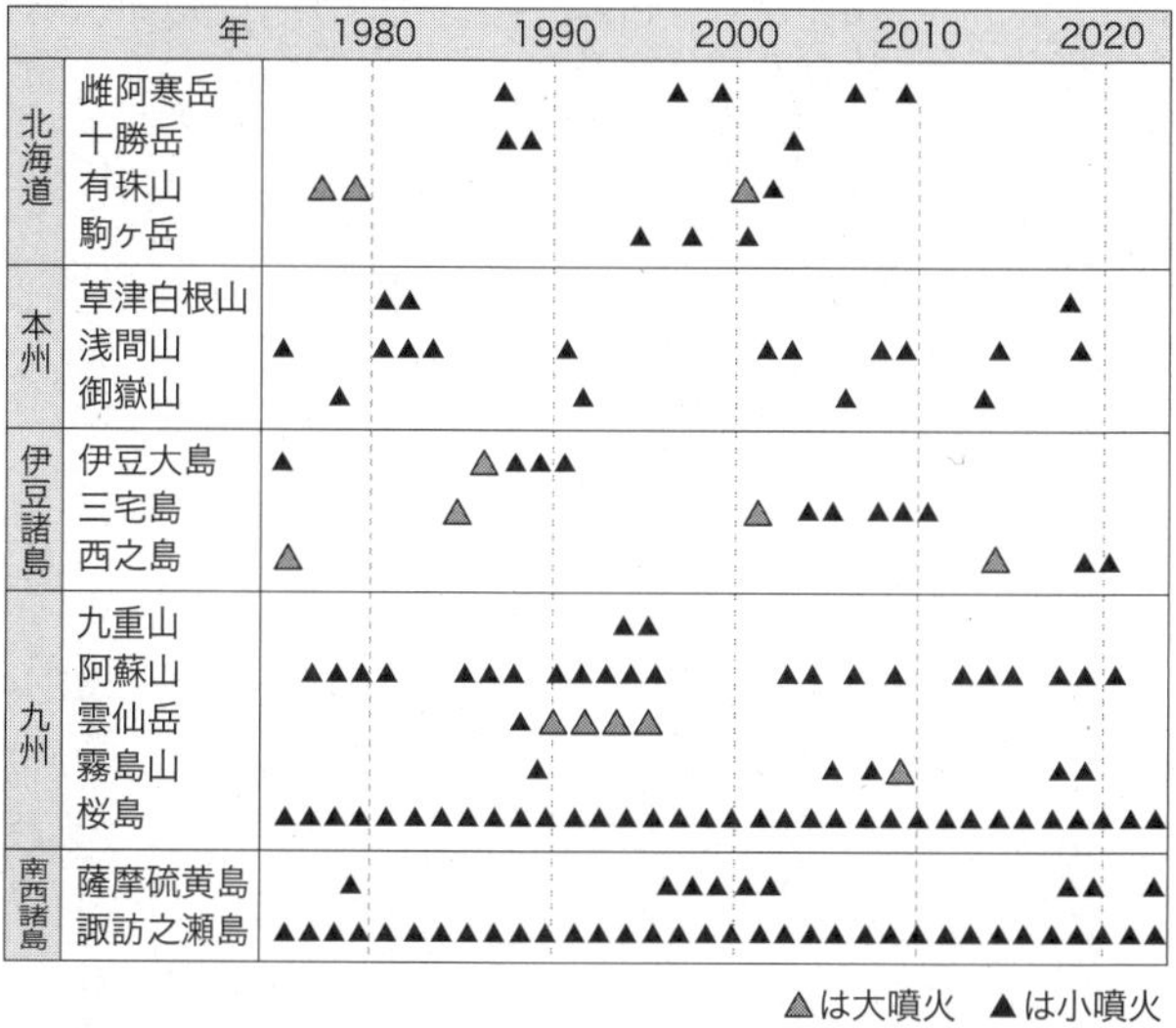

地域	年	1980	1990	2000	2010	2020
北海道	雌阿寒岳					
	十勝岳					
	有珠山					
	駒ヶ岳					
本州	草津白根山					
	浅間山					
	御嶽山					
伊豆諸島	伊豆大島					
	三宅島					
	西之島					
九州	九重山					
	阿蘇山					
	雲仙岳					
	霧島山					
	桜島					
南西諸島	薩摩硫黄島					
	諏訪之瀬島					

△は大噴火　▲は小噴火

最近噴火したおもな火山

動を続けている**火山**を活火山、富士山のように噴火記録はあるものの現在は活動を休止している火山を**休火山**、有史以来、噴火記録がない火山を**死火山**という表現で区分していた。しかし、火山の活動の寿命は数十万年から数百万年とされ、数百年程度の休止期間はほんのつかの間の眠りでしかなく、噴火の可能性がある火山をすべて活火山と分類する考え方が国際的に広まるようになった。日本でも、それまで噴火記録がなく、死火山と分類されていた御嶽山（おんたけさん）（長野県）が、1979（昭和54）年に突然水蒸気爆発を起こしたことがきっかけとなり、近年は休火山や死火山という言葉を使わなくなった。

2003（平成15）年、**火山噴火予知連絡会**は、世界的な動向や火山学的見地を踏まえて、「概ね過去1万年以内に噴火した火山および現在活発な噴気活動のある火山」を活火山として定義した。この定義によって、111の火山が活火山と選定され、気象庁はこれら火山を過去の活動頻度や規模などに基づいてABCの3ランクに分類し、さらに火山活動の状況に応じて1～5の5段階の噴火警戒レベルを設定している。

火山のランク分け

【Aランク】

定義／100年活動度、または1万年活動度が特に高い活火山。特に噴火活動が活発な火山で、常時観測されている。

13火山／有珠山・浅間山・三宅島・阿蘇山・雲仙岳・桜島など

【Bランク】

定義／100年活動度、または1万年活動度が高い活火山。登山規制はないが、何らかの監視が行われている。

37火山／雌阿寒岳・磐梯(ばんだい)山・焼岳・富士山・九重山・霧島山など

【Cランク】

定義／100年活動度、および1万年活動度がともに低い活火山。噴火の可能性が十分ある。

38火山／大雪山・羊蹄（ようてい）山・八幡平・赤城山・開聞岳など

なお、データ不足でランク分け対象外が23火山（北方領土や海底火山）。100年活動度とは短期的活動度、1万年活動度とは長期的活動度。BやCランクの火山が噴火すれば、Aランクに上がることもある。

噴火警戒レベル

【レベル5】

極めて大規模な噴火活動。〈広範囲に甚大な被害を及ぼす噴火の可能性〉

【レベル4】

中～大規模噴火活動。〈周辺に被害を及ぼす噴火の可能性〉

【レベル3】

小～中規模噴火活動。〈周辺に影響が出る可能性〉

【レベル2】

やや活発な火山活動。〈今後の活動状態に注意〉

【レベル1】

静隠な火山活動。〈現在は噴火の兆候なし〉

噴火しない火山

なお、死火山という表現は使われなくなったが、活火山に該当しない火山、つまり1万年以上噴火していない火山も数多くある。八ヶ岳（長野県）は、フォッサマグナの中央部に200万年くらい前から続いた火山活動で形成された火山であり、中国地方の最高峰である大山（だいせん）（鳥取県）は、2万年ほど前まではさかんに火山活動を繰り返していた。万葉集の和歌に詠まれている奈良盆地北部の大和三山（香具（かぐ）山・畝傍（うねび）山・耳成（みみなし）山）も1500万年前の新生代の火山が風化浸食して残った山と考えられている。

1万年くらいは火山の寿命から見るとほんの一瞬の時間というならば、これらの山が御嶽山のように突然目を覚まして噴火する恐れはないのだろうか。当然、誰もが気になるところだが、その心配はないようだ。八ヶ岳や大山が活火山に選定されている火山と異なるのは、これらの山には地下の浅いところに火山活動に繋がるようなマグマ溜まりの存在が観測されず、マグマの供給が停止していることだ。つまり火山としての寿命を終えていると考えられている。

なぜ、四国には活火山がないのか

ＮＰＯ法人「日本火山学会」には、小中学生から多くの質問が寄せられる。その中で、もっとも多いのは「火山はどうやってできるのですか？」という質問だそうだ。「九州には活火山がたくさんあるのに、四国にはなぜ火山が一つもないの？」。そんな質問もある。どちらも大人でも気になる疑問だ。

火山が形成されるメカニズムを説明しよう。まず、火山は地下の**マグマ**が地表に噴出することによって形成される。マグマとは、地殻の下にある**マントル**が溶解したものだ。それでは、なぜマントルが溶解するのだろうか？

これには**海洋プレート**の動きが関係している。東日本では、海洋プレートである太平洋プレートが日本海溝から北アメリカプレートの下に沈み込んでいる。沈み込んだ海洋プレートがある一定の深さに達すると、地下の高温と圧力のため、プレートと接するマントルが溶解してマグマが生成される。そこで生成されたマグマはほぼ真上に上昇し、マグマ溜まりを形成し、やがて火山として地表に噴出する。マグマは液体であり、まわりの固体であるマントルよりも密度が小さい。この密度の差がマグマが上昇する浮力となり、液体の中を気体の泡が上昇するように、固体のマントルの中を液体のマグマが上昇するのである。

マグマが生成される深度は、地下１００～１５０㎞くらいとされている。東日本の場合、太平洋プレートが30～40度の角度で沈み込み、深度が１００～１５０kmになる日本海溝から西へ２５０kmあたりの東北地方や北海道の直下でマグマが生成され、それが地表に噴出して火山列を形成している。

九州付近では、フィリピン海プレートが東日本よりも急な約60度の角度で沈み込み、海溝から１５０kmあたりに火山列が見られる。

東日本や九州の火山の位置を見ると、海溝と平行に一定の距離を隔てて列状に分布していることがわかる。この火山分布の海溝側の境界を画するラインを**火山フロント**といい、地下でマグマが生成されるプレートの深度が１００～１５０kmのラインにあたる。火山フロントより海溝側では、地下のプレートの深度が浅いためにマグマは生成されず、したがって地表に火山は見られない。

紀伊半島から四国付近では、プレートの沈み込む角度が15度以下と浅いため、この地域の地下ではプレートの深度が１００kmに達しておらず、マグマが生成されないため、地表には火山が見られないのである。

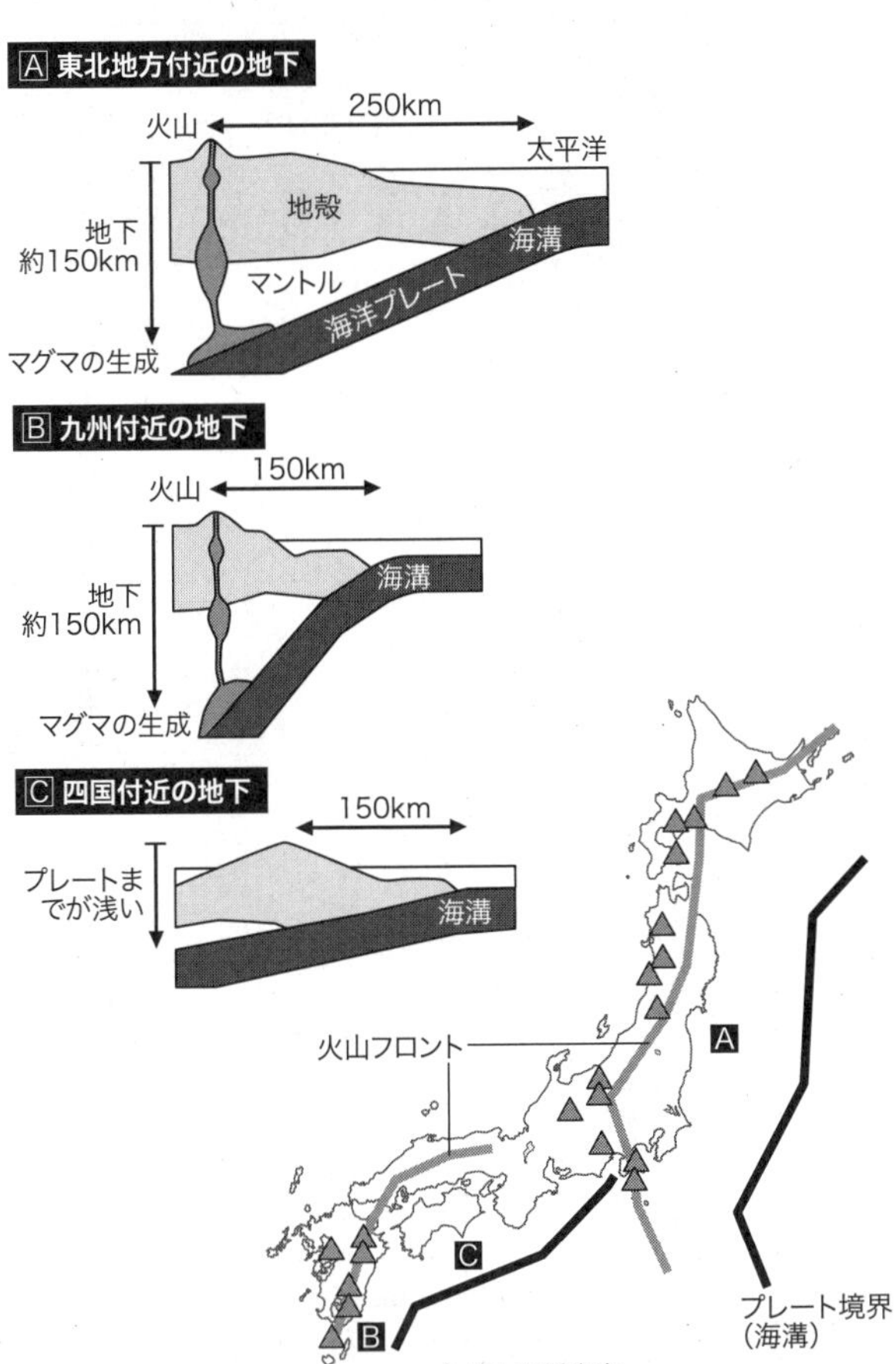

日本の地下構造と火山ができる場所

5　日本は国土の半分が豪雪地帯ってホント？

豪雪地帯の定義とは？

世界一の豪雪国家、日本

お笑い芸人のビートきよしさんは、山形県内でも豪雪で知られる最上町の出身である。ある番組で「子どもの頃、雪下ろしを手伝いましたか？」と訊ねられたところ、「雪上げをよく手伝った」と答えたという。意外な答えに質問者が「雪上げとは何ですか？」とさらに訊ねると、「雪下ろしは屋根から下に雪を落とすだけだが、最上町は豪雪地帯、雪は屋根と同じくらいの高さまで積もるので、雪をスコップで上に跳ね上げなければならない。雪を上のほうに捨てるので雪上げなのだ」と答えたそうだ。「雪掘り」という言葉もある。雪に埋まってしまった家を文字通り掘り出すのだ。

冬になると日本は、沖縄以外全国どこでも雪が降る。しかし、降雪量や降雪時期は地域差が大きい。関東以西の太平洋岸では雪が降っても年に数日程度だが、最上町のように年間の積雪日数が１００日を超え、屋根が埋まるほど雪の積もる地域もある。

意外に思う人が多いかもしれないが、日本の国土の約半分、実に約19万㎢の地域が

日本の豪雪地帯　　資料：全国積雪寒冷地帯振興協議会

豪雪地帯　19.2万km²
(50.7%)

その他　18.6万km²
(49.3%)

特別豪雪地帯　7.5万km²
(19.8%)

国土面積（37.8万㎢）に占める豪雪地帯の割合　資料：国土交通省

豪雪地帯に指定されている。その範囲は、北海道・東北地方のほぼ全域、本州の日本海側、中部地方の山岳地とその周辺に及び、東京から北は平野部を除けばほとんどが豪雪地帯だ。そして、ここに日本の総人口の約15%、約1800万人が居住している。

世界を見ても、積雪量が1mを超える豪雪地帯は、人口の希薄な地域を除けば、日本以外では、北米ではロッキー山脈西部とエリー湖南岸、ヨーロッパではノルウェーの西部くらいに限られ、人口が100万を超える大都市では、世界で札幌だけ、豪雪地帯に1800万もの人々が生活している国は世界でも希有だ。

豪雪地帯ってどんなところ?

「豪雪地帯対策特別措置法」という法律に基づいて、国土交通省は532の市町村を豪雪地帯として指定している。これは全国の市町村の約3割にあたり、24道府県に及ぶ。この法律でいう豪雪地帯とは、「積雪が特にはなはだしいため、産業の発展が停滞的で、かつ、住民の生活水準の向上が阻害されている地域」と定義されている。具体的には、「累年の平均積雪積算値(一冬の累積積雪量)が5000㎝日以上の地域」という基準が示されている。

さらに、最上町のように「豪雪地帯のうち、積雪の度が特に高く、かつ、積雪により長期間自動車の交通が途絶する等により住民の生活に著しい支障を生ずる地域」は

特別豪雪地帯の指定を受けている。特別豪雪地帯は、国土の約20％の約７・５万㎢を占め、２０１市町村に約２８０万の人々が生活している。豪雪地帯や特別豪雪地帯に対しては、交通機関やインフラの整備など様々な面で、国や自治体が財政、金融、税制などの支援措置を講じている。

克雪から利雪・親雪へ

古くから「雪国」という言葉がある。この表現には一種の郷愁が潜んでいるように感じるが、「豪雪地帯」という表現になると、雪は厄介者のようなマイナスのイメージが先行してしまう。実際、雪国に暮らす人々は雪の障害を克服するため、苦難の中で様々な努力を積み重ねてきた。

生活を守るため、いかにして雪を克服するか、これを「**克雪**（こくせつ）」というが、「利雪（りせつ）」や「親雪（しんせつ）」という言葉もある。「**利雪**」とは雪を利用すること、「**親雪**」とは雪に親しむことである。昔から、雪国に暮らす人々は雪を「天からの授かりもの」と捉え、雪と共生し、雪を暮らしの中に活かす工夫を続けてきた。

冬に積もった雪は、春に雪解け水となって大地を潤し、東北地方や北陸地方の平野は日本を代表する穀倉地帯となった。和紙作りや友禅染などの伝統工芸も冬の寒さと雪を活かすことによって生まれた。豊富な水資源から得られる電力や工業用水は、北

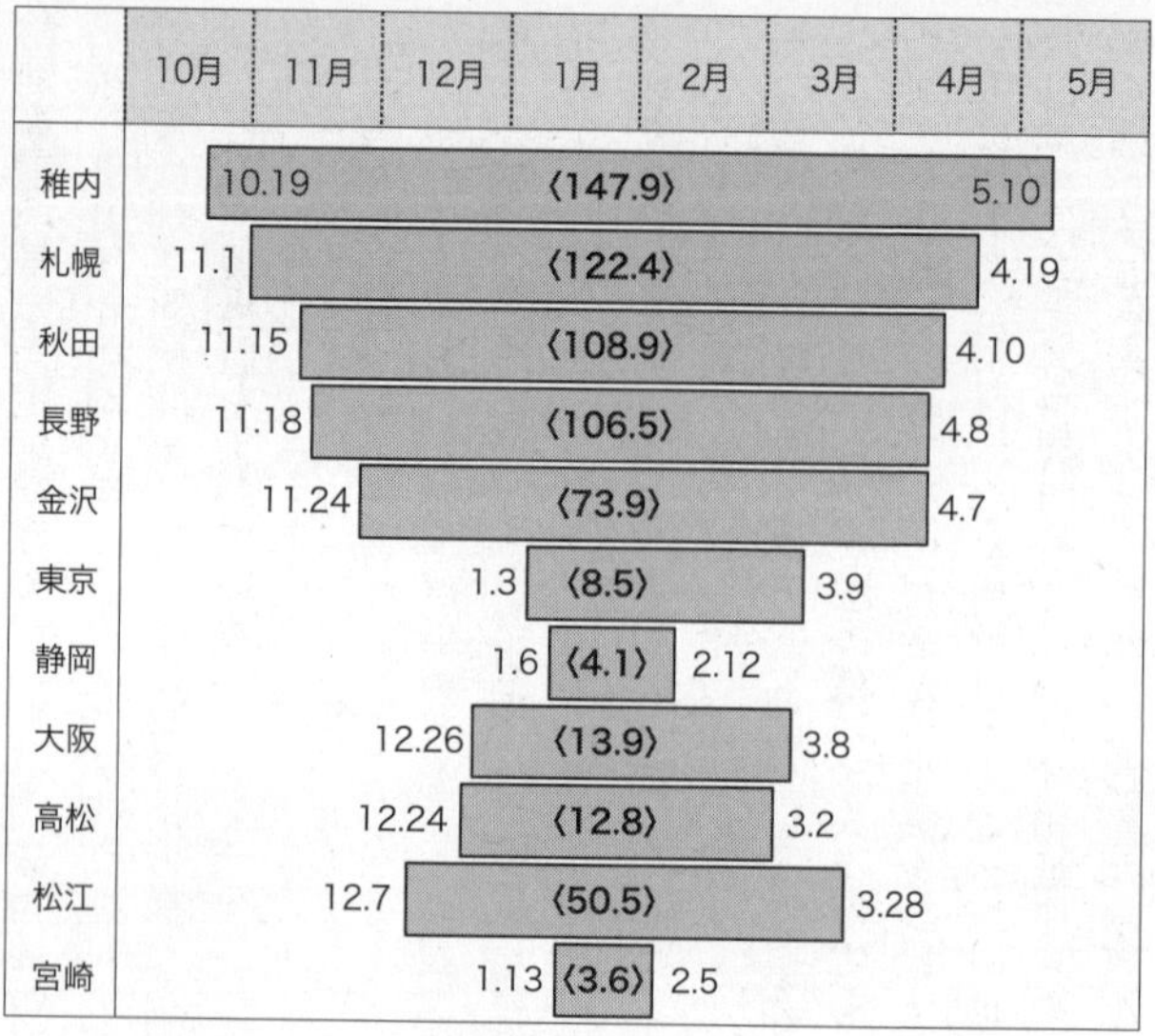

	初雪日	〈降雪日数〉	終雪日
稚内	10.19	〈147.9〉	5.10
札幌	11.1	〈122.4〉	4.19
秋田	11.15	〈108.9〉	4.10
長野	11.18	〈106.5〉	4.8
金沢	11.24	〈73.9〉	4.7
東京	1.3	〈8.5〉	3.9
静岡	1.6	〈4.1〉	2.12
大阪	12.26	〈13.9〉	3.8
高松	12.24	〈12.8〉	3.2
松江	12.7	〈50.5〉	3.28
宮崎	1.13	〈3.6〉	2.5

(横軸：10月　11月　12月　1月　2月　3月　4月　5月)

おもな都市の初雪日・終雪日と降雪日数（1991～2020年平均）

資料：気象庁

豪雪地帯の電話ボックス

とんがり屋根は積もった雪が自然に滑り落ちるようにするためで、路面との段差は積雪でドアの開閉ができなくなるのを防ぐためである。

陸地方にアルミ精錬などの金属工業や機械工業を発展させてきた。

豪雪地帯の市町村では、近年はどこも利雪や親雪を町おこしや村おこしのキーワードとしている。秋田県横手市の「雪となかよく暮らす条例」や、北海道倶知安（くっちゃん）町の「みんなで親しむ雪条例」のように、克雪・利雪・親雪のルール作りをして、雪を資源として産業や観光に積極的に利用する取り組みを進める市町村も多い。

横手といえば、冬の行事としてかまくら祭りが有名だが、これこそまさに親雪だ。33頁で触れた雪冷房システムなどは、今、注目されている利雪の代表的な事例だ。

6 「信州そば」のそば粉は長野県産だろうか？地域ブランドの定義とは？

食品の虚偽表示事件がしばしばテレビや新聞で報道される。もちろん、だます側が悪いのだが、その背景にあるのは日本人のブランド好きだ。

地域ブランドとは、地域名と商品・サービス名を結びつけ、他地域にはない特徴や違いを売り物とするブランド（銘柄）のことをいう。狭義には、「関（せき）さば」「越前がに」「宇治茶」「草加せんべい」「輪島塗」など**特許庁**が許可した**地域団体商標**を指し、広義には食品や工芸品以外にも、郷土料理、史跡・景勝地、祭など対象の幅は広く、「富士山」や「秋葉原」などの地名、「くまモン」などのゆるキャラも含まれ、その概念は広い。

ブランド商品に対して、消費者はそのブランドならではの価値を期待する。そして、その期待に応えるため、ブランドを管理する地域団体は、ブランドの品質やイメージを維持し、高め、さらに模倣品や偽装表示品からブランドを守るために、近年は、対象商品の認定基準を設けるようになった。

水産物ブランドの場合

大分県の特産品「**関さば**」の場合、その定義は「豊後水道で、疑似餌またはゴカイを使って一本釣りされ、**佐賀関**の漁業組合を通して出荷されたもの」となっている。漁場、エサ、漁法、商品管理などすべてにこだわりがあるからこそ、関さばは消費者から最高級ブランドの評価を得ているのである。

しかし、日本一のふぐのブランド「**下関ふく**」の場合、その定義は「下関（南風泊市場）で水揚げされ、身欠き処理されたトラフグ」となっており、漁場については定義されていない。下関の近くにも、かつては玄界灘や瀬戸内海などトラフグの好漁場があったが、近年は、東シナ海や黄海、太平洋側の遠州灘がおもな漁場となっている。

しかし、これらの漁場で獲れたふぐの多くが、近くの漁港ではなく、下関へ集まってくる。

ふぐは調理の前に必ず毒を持つ内臓を除去する必要があるが、この作業を**身欠き**（みがき）といい、その資格を持つ調理師が集まり、ふぐの処理・加工技術や実績が集積しているのが下関なのだ。下関以外では、ふぐが獲れても、この身欠きができる環境が整備されていないところが多い。つまり、「下関から出荷されたふぐならば安全・安心でおいしく食べることができる」、これが下関ふくのブランドであり、漁場の定義がないのはそういう理由だ。

また、食品の原材料・原産地などの表示方法を規定した**JAS法**では、水産物の場合は、「漁獲した水域、又は水揚げした港の名か水揚げ港が属する都道府県名」を原産地として表示することになっている。下関で水揚げされたふぐは下関産になるのだ。

ちなみに、下関の人たちは、ふぐは不遇、ふくは福につながるということから、ふぐを「ふく」と呼んでいる。

農産物ブランドの場合

特許庁が2006年から導入した**地域団体商標制度**によって認可された地域ブランドは、現在約740件が登録されており、そのうち野菜、米、果物、茶などの農産物がもっとも多い。そして、それぞれのブランドの認定条件として、「**有田みかん**」は和歌山県有田産、「**嬬恋高原キャベツ**」は群馬県嬬恋産というように、ブランド名となっている地域と産地が一致していることが原則となっている。

しかし、加工食品の場合、たとえば「**信州そば**」の信州とはそば麺の製造地であって、必ずしも原材料のそばが信州（長野県）産という意味ではない。長野県は全国第2位のそばの産地だが、それでも国内消費量のわずか2%を生産しているにすぎず、県内の多くの製麺業者は原材料を海外からの輸入そばに依存している。加工食品では、ブランド名の地名は加工地の名であって、必ずしも原材料の産地名とは限らない。

畜産物ブランドの場合

松阪牛協議会は、「松阪牛生産区域での肥育期間が最長・最終の黒毛和種の未経産の雌牛」を「**松阪牛**」として定義している。つまり、出生地が松阪だからではなく、肥育地が松阪だから松阪牛と呼ぶわけである。近年は、半数が宮崎県産で、遠くは北海道産や石垣島（沖縄県）産の松阪牛もいる。JAS法は畜産物ブランドの産地を「最も長く育った場所を産地とする」と定義しており、他の多くの畜産物ブランドも、出生地ではなく肥育地とそこで肥育された期間を認定条件としている場合が多い。

ある調査によると「少し高いブランド肉、ノーブランドの安い国産肉、あなたはどちらを買いますか？」という質問に対して、「時々買う」を含めると、約7割の人がブランド肉を買うと回答したという。やはり、日本人はブランドが大好きなのだ。

7 登山で見かける「〇合目」ってどういう意味？

「合目」の由来は？

多くの山では、麓の登山口から山頂までの登山道が10分割され、その境界となる場所が「合目」という表現で呼ばれている。麓から登り始めて標高が高くなるにつれ、一合目、二合目と「合目」の数が増え、十合目が山頂だ。

しかし、「合」とは面積や容積の単位であって、決して距離の単位ではない。それなのに、なぜ登山道を「合目」という表現で区分するのだろうか。

次のような説がある。枡（ます）に入れた米を逆さに空けたときの形が富士山に似ているので、枡目を用いて一里を一合とした説、米粒をパラパラ落としながら登り、一合なくなったところを「一合目」とした説、夜道の提灯（ちょうちん）に使う油が一合なくなったところを「一合目」とした説、仏教用語で時間の単位を意味する「劫（こう）」という言葉があるが、登山の苦しさを人生の苦難に見立て、劫の数を「合目」で表したという説などである。

そんな中、『世界山岳百科事典』に記載されている説が非常に興味深い。一合（山麓）から始まって十合（山頂）で終わる合目は、仏教の教義でいう十界にあたり、一合目（地獄道）、二合目（餓鬼道）、三合目（畜生道）、四合目（修羅道）、五合目（修験道）までを地界、これより上の六合目（天道）、七合目（声聞(しょうもん)道）、八合目（縁覚道）、九合目（菩薩道）、頂上（妙覚）を天界とし、十界を山にあらわして苦修練行をしているという。

富士山五合目の不思議

「合目」という言葉の由来も謎だが、区分の基準もはっきりしない。距離なのか、高度なのか、それとも所要時間で分割したのだろうか？　しかも、同じ間隔で分割されていない。なぜだろうか？

左頁上の図は富士山の登山道のうち、北側からの**吉田ルート**、東側からの**御殿場ルート**、南側からの**富士宮ルート**を表示している。同じ合目でもルートによって標高が異なっている。たとえば、吉田ルートの五合目と富士宮ルートの五合目の標高はほぼ同じだが、御殿場ルートの新五合目は、他の２ルートより約９００ｍも低い。しかも五合目でありながら吉田ルートの一合目（１５１５ｍ）よりも低い１４４０ｍの標高

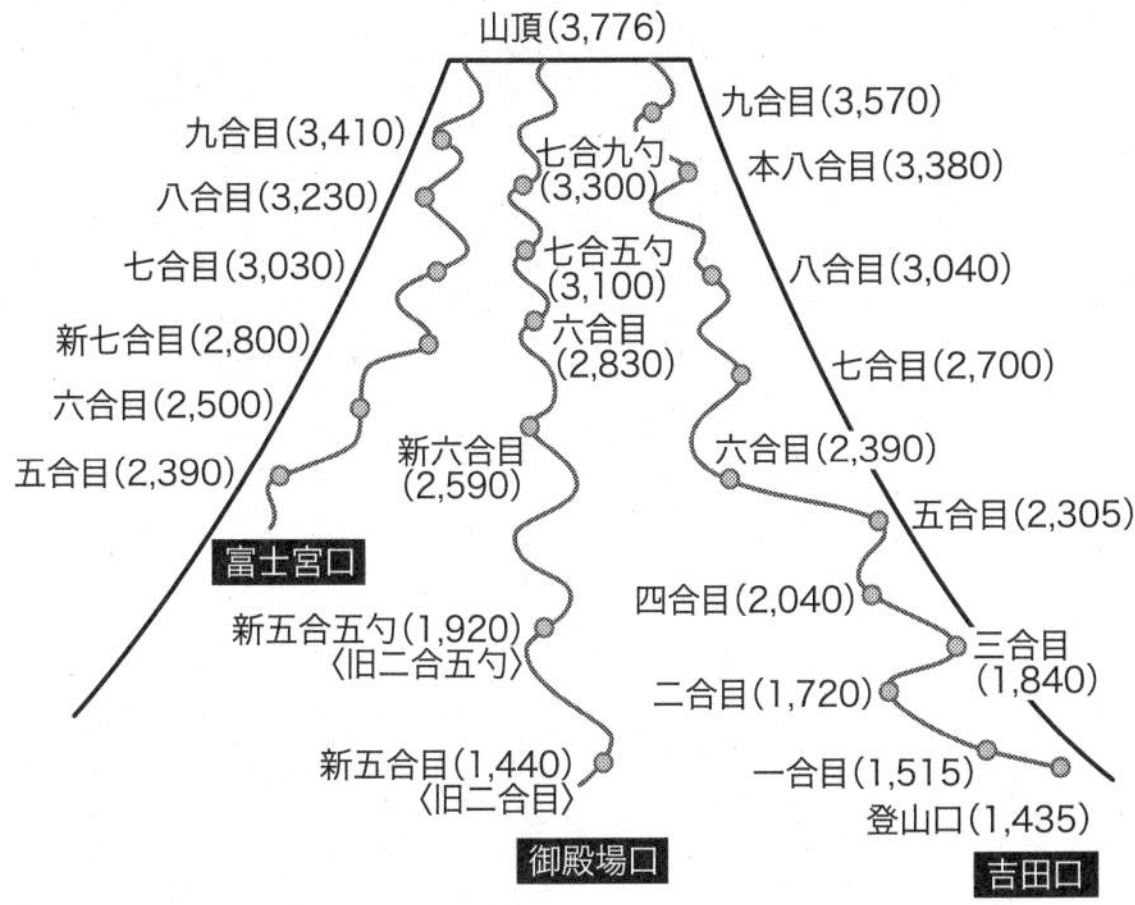

富士山の登山道

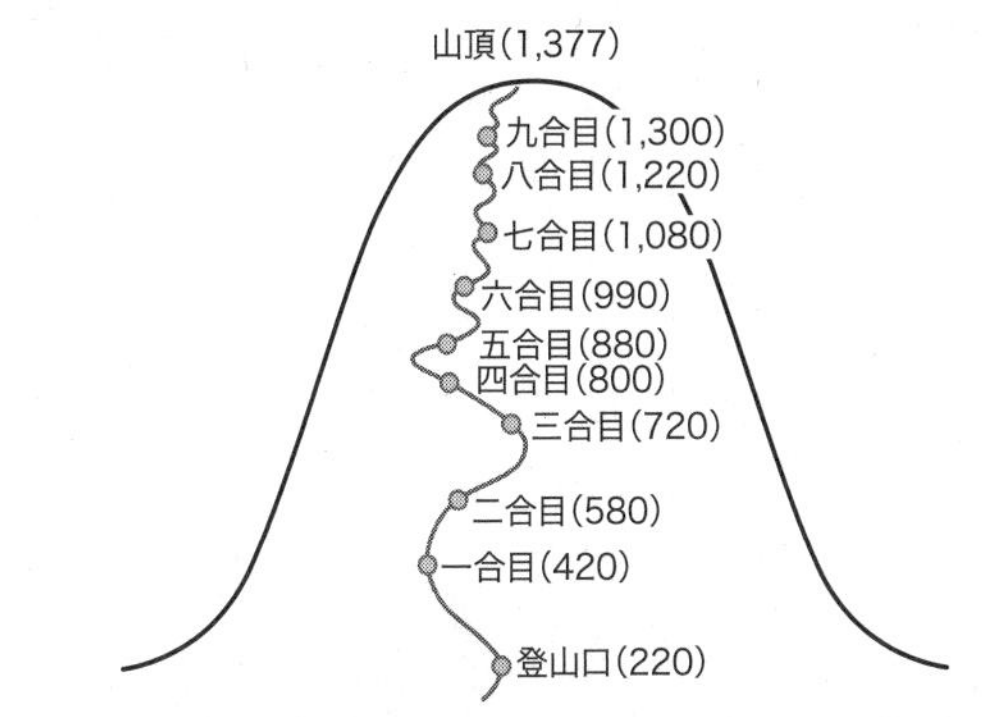

伊吹山（滋賀県）の登山道

しかない。実をいうと、この新五合目は、以前は二合目だった場所なのだ。これには次のような事情がある。1960~70年代、吉田ルートや富士宮ルートでは2300m付近の高さまで自動車道が開通し、五合目が富士登山のスタート地点となった。これに対抗し、御殿場側でも自動車道の終点だった二合目を新五合目に格上げしたのである。ちょっと強引な気がする。ただ、本来は二合目だった場所から登るので、御殿場側からの登山は距離も時間も一番ハードなコースである。

また、富士山の登山道には、七合目や八合目以外に新七合目や本八合目、七合五勺などと呼ばれる地点もあって、登山者には紛らわしい。そもそも合目の標識を設置してある地点というのは、山小屋があったり、眺望のよい場所だったり、登山者にわかりやすい場所が選ばれている。そのため、合目の間隔は等しいわけではなく、かなりアバウトだ。そこで、登山者のために合目の間隔が長くなっている区間の適当な場所や新しく整備された場所に「新○合目」という地点を設置したわけだ。

五合目が山頂の山

富士山以外でも、多くの山は登山道が一合目から十合目(山頂)まで区分されている。前頁下の図は、日本100名山に選定されている伊吹山の事例だが、山頂の標高が1377mの山なので、合目の間隔は富士山よりはかなり狭い。

やはり日本１００名山の一つである福島県の磐梯山は、五合目が山頂というちょっと変わった山だ。これには、磐梯山の標高１８１６ｍが富士山（３７７６ｍ）のほぼ半分なので、日本一の富士山に敬意を表して合目も富士山の半分にしたという説、磐梯山は明治時代の大噴火で山体崩壊を起こしているが、そのときに六合目以上が吹き飛ばされたという説があるが、真相はわからない。

埼玉県西部の武甲山は、登山道を「合目」ではなく、「丁目」で表示している。登山口の1丁目から山頂の54丁目（現在は52丁目）まで丁目石が置かれており、山を上り下りすると合わせて１０８丁目になる。これを１０８の煩悩とし、登山をすることでその煩悩を消すといういわれがある。除夜の鐘と同じだ。

8　人口２７００人の市と５万５０００人の村　市になる要件とは？

市になるメリット

１９９９（平成11）年から２０１０（平成22）年にかけて、自治体を広域化し、行財政基盤を強化することによって行政サービスの充実や安定を図ることを目的に、政

年	市	町	村	合計	備考
1889（明治22）	39	15,820		15,859	市町村制施行
1947（昭和22）	210	1,784	8,511	10,505	地方自治法施行
1953（昭和28）	286	1,966	7,616	9,868	町村合併促進法施行
1956（昭和31）	495	1,870	2,303	4,668	市町村建設促進法施行
1965（昭和40）	560	2,005	827	3,392	合併特例法施行
1999（平成11）	671	1,990	568	3,229	合併特例法改正
2023（令和5）	792	743	183	1,718	-

市町村数の変遷

府は全国の市町村再編政策を推進した。この政策は「**平成の大合併**」と呼ばれ、合併特例債というアメ玉と地方交付税の減額というムチにより、当時、全国に雨後のタケノコのごとく新市が誕生したことを覚えておられる人も多いと思う。

そもそも「**市**」になると、町や村とは何が違うのだろうか？

市になると、福祉事務所を設置して、生活保護などの福祉施策を独自に進めることができ、「史跡・名勝・天然記念物の現状変更等の許可」や「商店街振興組合の設立認可」など町村にはない権限が与えられる。首長や議員の選挙では、告示期間が長くなり、選挙運動に使用できるはがきやビラの枚数が多くなる。しかし、そんなことは一般住民には些細(ささい)なことで、生活にそれほどメリットがあるとは思えない。それよりも、「○○郡○○町」より「○○市」という住所を体裁よく感じたり、住所が市になって不動産価値が上がることを期待したり、そんなことのほうが重要だと思う人が多いように感じる。それも市になるメリットなのだろう。

なお一口に市といっても、人口規模の大きな市は、**政令指定都市・中核市**などの指

市名	人口(万人)	指定年
大阪(大阪府)	275.7	1956
名古屋(愛知県)	232.6	1956
横浜(神奈川県)	377.2	1956
京都(京都府)	144.9	1956
神戸(兵庫県)	151.0	1956
北九州(福岡県)	92.4	1963
札幌(北海道)	197.3	1972
川崎(神奈川県)	154.1	1972
福岡(福岡県)	163.1	1972
広島(広島県)	199.1	1980
仙台(宮城県)	109.9	1988
千葉(千葉県)	97.9	1992
さいたま(埼玉県)	134.0	2003
静岡(静岡県)	68.3	2005
堺(大阪府)	81.7	2006
新潟(新潟県)	77.9	2007
浜松(静岡県)	78.4	2007
岡山(岡山県)	71.9	2009
相模原(神奈川県)	72.7	2010
熊本(熊本県)	73.8	2012

全国の政令指定都市

定を受けることができる。人口の大きな都市ほど自治の権限が大きくなり、政令指定都市になると「区」を設置することができ、都道府県とほぼ同じぐらいの権限と財源を得ることができる。一般市と政令指定都市や中核市との権限の違いは、むしろ一般市と町村との違いよりも大きい。

市になるための要件とは

町村が市に昇格するためにはどのような要件が必要なのだろうか？　地方自治法は次のように定めている。

①人口が**5万人以上**であること。
②中心の市街地が、全戸数の6割以上で形成されていること。
③商工業など都市型の仕事に従事する人とその家族の割合が6割以上であること。
④都道府県条例で定める**都市的施設**などがあること。

5万人以上という人口要件がもっとも重要だが、合併促進のため、3万人に緩和された時期もあった。都市的施設とは、警察署、図書館、銀行、高校、病院などで、具体的な種類や必要数は各都道府県の条例で細かく定められている。しかし、映画館など今や大都市でなければほとんど見られない施設が含まれていたり、幹線道路が舗装されていること、電話の利用が活発であることなど、昭和20年代に定められた項目が今でもそのまま残されている県があるのには失笑してしまう。しかし、老人ホームやケアハウスなどの福祉施設が含まれていないのは笑い事では済まない。

なぜ、人口２７００人の市？

北海道のほぼ真ん中にある**歌志内市**（うたしないし）は、人口２７４４人（２０２２年）、日本で最少の市である。歌志内は明治中頃から石炭の採掘で栄え、人口もかつてはもっと多かった。終戦後の石炭ブームに沸きかえった１９４８（昭和23）年には人口が４万６０００人に達し、１９５８（昭和33）年に新市町村建設促進法の恩恵を受け、市制を施行した。

しかし、その後は石炭産業が斜陽化し、市内の炭坑は相次いで閉山、それにともなって人口も減少の一途をたどり、１９８１年には１万人を切り、２０２１年にはついに３０００人を割り込んだ。人口が少ない市のランキングを見ると、歌志内市に続いて夕張市・三笠市・赤平市と続くがいずれも道央のかつての炭鉱都市である。

人口が減少しても市から町への降格はないのかという疑問が生じる。しかし、前述の市になるための要件は市制施行のときには精査されるが、市の存続要件ではなく、

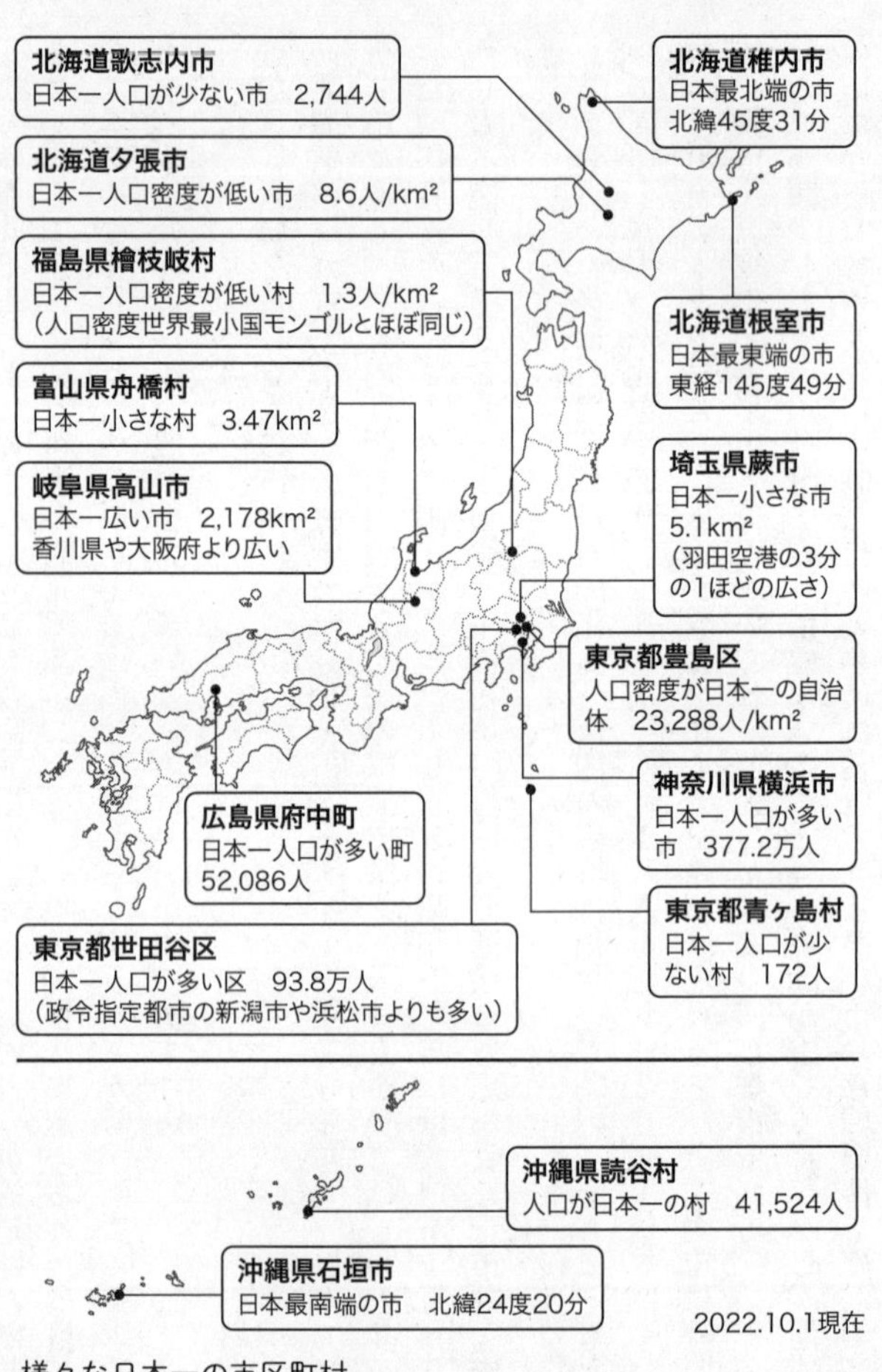

様々な日本一の市区町村

市から町へ降格になった事例はない。

その逆に、市になる要件を満たす人口があっても、なかなか市にならないケースもある。岩手県滝沢村は県都盛岡市のベッドタウンとして人口増加を続け、2000（平成12）年には、すでに人口が5万人を突破していたが、市どころかずっと村のままであった。住民は市になることよりも「日本一の村」を誇りに思っていたのだ。その滝沢村も2014（平成26）年、めでたく滝沢市となったが、人口ランキングは全国790市中いきなりの489位であった。

広島県の府中町も人口が5万を超え、市になる要件を満たしているが、日本にはすでに府中市が2つもあり、今後が気になる。

9　なぜ富士山は自然遺産ではなく文化遺産？ 世界遺産の基準とは？

人間の手ではつくれない自然、人類の歴史によって生み出された建造物や史跡などのうち、とくに貴重なものを人類共通の遺産として未来の世代へ引き継ごうという考えから、1972年のユネスコ総会において**『世界遺産条約』**が採択された。この条約に基づき、1978年、ガラパゴス諸島など12件が最初の世界遺産に登録された。日本では1993年、法隆寺・姫路城・白神山地・屋久島が初めて登録され、現在は文化遺産が20件、自然遺産が5件、合計25件の世界遺産が登録されている。

世界遺産リストに登録されるためには、次の10項目のうち、いずれか1つ以上に合致し、適切な保護管理体制がとられていることなどが必要である。

文化遺産の登録基準

①人間の創造的才能を表す傑作
②異文化の交流を示す見本
③現存あるいは消滅した文明の存在証拠
④歴史上の重要な建築や科学技術の集積または景観
⑤伝統的な居住形態等を顕著に示す見本
⑥歴史に残る出来事や宗教、芸術に関連するもの

自然遺産の登録基準

⑦独特の自然現象や類いまれな自然景観
⑧地球の歴史を伝える特徴的な地形

⑨独特の生態系や進化を示す見本
⑩絶滅危惧種の生息地域

ちなみに**富士山**は２０１３年に世界遺産として登録された。しかし、富士山が登録されたのは自然遺産ではなく、文化遺産だと聞いて「あれっ！　どうして？」と思われる方が多いのではないだろうか。実際、富士山は世界遺産として25の資産で構成されているが、その項目を見ると、神社の多さが目立ち、富士山を代表する自然景観である青木ヶ原樹海や宝永火口などの名は25の項目の中には見あたらない。実は、当初は富士山も自然遺産としての登録を目指していた。しかし、そのためにネックとなったのは環境問題だった。山小屋のし尿は垂れ流し、山肌にはゴミが散乱、富士山を視察したユネスコの委員が絶句したという。さらに、富士山周辺は自動車道や観光施設などの開発が進み、自然が十分に保全されていないことも指摘された。富士山は日本を象徴する美しい山だが、このような円錐形の成層火山が世界には複数あることもマイナス要素だった。

そこで、地元は自然遺産ではなく、「信仰の対象と芸術の源泉」をテーマに掲げ、文化遺産として申請することに戦略を転換したのである。古くから多様な信仰の対象として崇(あが)められてきた霊峰富士、万葉集に詠まれ、葛飾北斎や歌川広重により浮世絵に描かれ、日本の芸術・文化を育んだ富士山をアピールしたのである。

富士山と同時登録を目指した鎌倉は落選してしまった。鎌倉のテーマは『武家の古都・鎌倉』だが、その物的証拠が不十分と判断されたのだ。意外なことに、鎌倉市内には鎌倉時代の建造物が一つも現存していない。鎌倉にある唯一の国宝建造物である円覚寺舎利殿は、室町初期の建築、しかも、室町末期に他から移築されたものである。各国から推薦された世界遺産の候補地は、世界遺産委員会の専門機関の現地調査を踏まえて登録の可否が判断されるが、その審査は意外と厳しいのである。

２０１４年には、群馬県の**富岡製糸場**が世界遺産に登録された。しかし、現地には操業当時の繰糸機や蒸気釜は残念ながらまったく残されていない。世界遺産に認定されたのは繰糸所や置繭所（おきまゆじょ）など当時の建造物であり、機械類は対象外なのだ。実は、世界遺産登録の対象となる物件は不動産、つまり移動が不可能な土地や建造物に限られる。例えば、東大寺正倉院は世界遺産だが、収蔵品である多くの国宝は世界遺産ではない。仏像や絵画、書物などは登録対象ではないのだ。ただし、仏像であっても東大寺の大仏は世界遺産に登録されている。大仏は移動ができない不動産なのだ。

10　古い町並みに風情が残る全国各地の小京都、その定義とは？

「○○の小京都□□を訪ねて」というような旅行案内を目にすることがある。日本の各地には、「奥美濃の小京都・郡上八幡」、「山陰の小京都・津和野」など、風情や雰囲気が京都に似ていることから**小京都**と呼ばれるまちが見られる。1985（昭和60）年には、それらが連携し、「**全国京都会議**」が結成された。この会では、それぞれのまちのイメージアップと観光客誘致の相乗効果を図ることを目的として、共同宣伝パンフレットやポスターの制作、加盟市町の観光情報の発信、広域観光キャンペーンなどを展開している。全国京都会議には本家である京都市も参加し、次の3要件のうちのどれかに該当することを「小京都」を名乗る要件として定めている。

・京都に似た自然景観、町並み、たたずまいがある
・京都と歴史的なつながりがある
・伝統的な産業、芸能がある

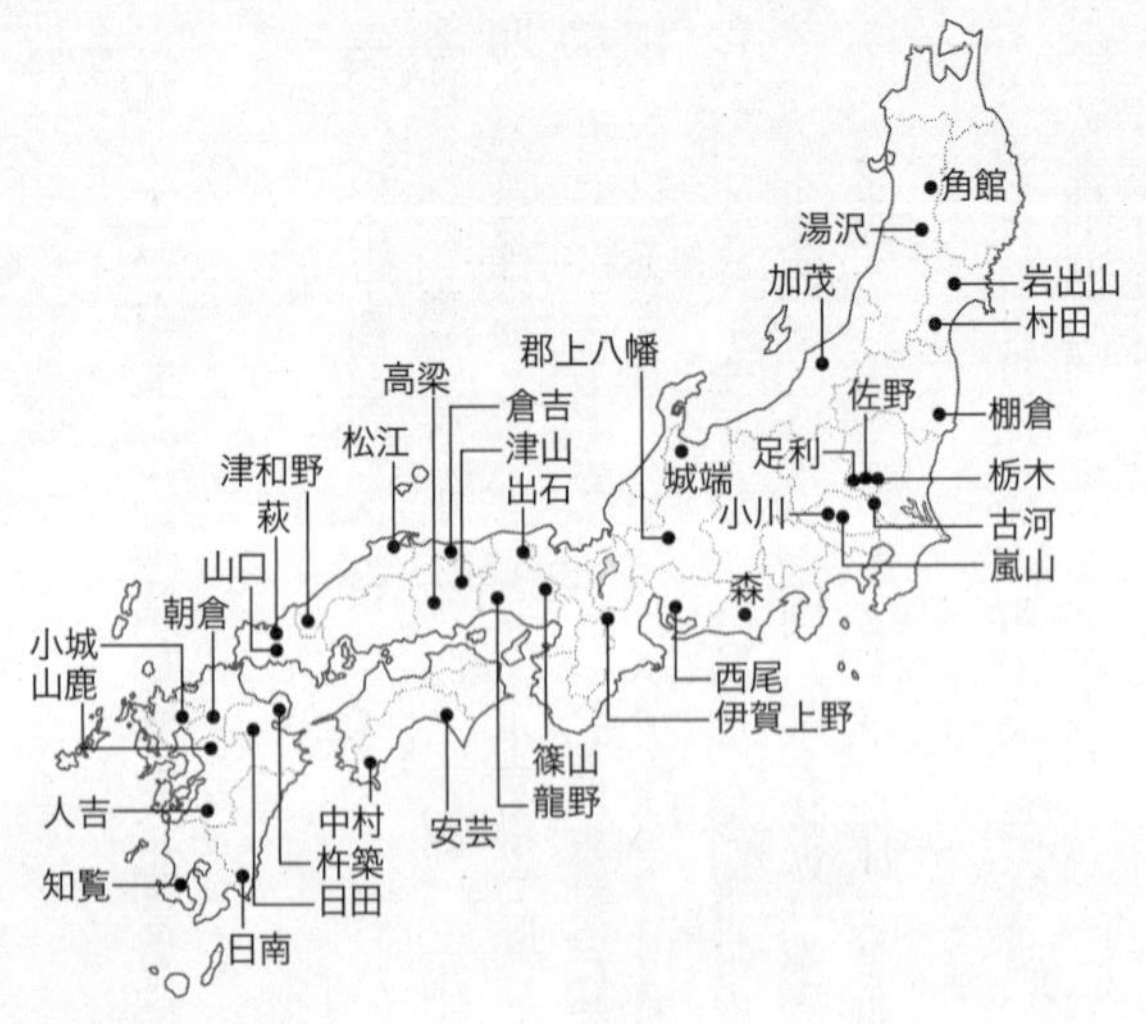

全国の小京都

全国京都会議には、２０２３年現在、38の自治体が参加している。

ただ、小京都というブランド力を活かし、経済波及効果を拡大している自治体がある一方、全国京都会議を退会する自治体が増えている。金沢は風情ある街並みや伝統工芸の継承、多様な食文化が京都と共通するところから、「北陸の小京都」や「加賀の小京都」と呼ばれていた。しかし、２００８年に全国京都会議を退会している。理由は、京都の優雅な公家文化に対し、城下町から発展した金沢は武家文化が栄えた歴史があり、小京都と呼ばれることに違和感があるからだという。かつて「信州の小京都」と呼ばれた松本市や「飛騨の小京都」と呼ばれた高山市も同じような理由で退会した。これらの自治体は小京都ブランドに頼らず、今は独自のまちづくりを目指している。ただ、金沢や高山ほど知名度が高くない小都市には、集客力アップのために「小京都」という看板をなかなか外せない実情がある。

11　どっちが暑い？　真夏日と猛暑日の基準とは？

一日の暑さを表す気象用語として**真夏日**は以前から使われているが、２００７年、気象庁は新たに**猛暑日**を制定した。真夏日や猛暑日の暑さの基準は次のように規定されている。

夏　日　一日の最高気温が25度以上の日
真夏日　一日の最高気温が30度以上の日
猛暑日　一日の最高気温が35度以上の日

熱帯夜　夕方から翌朝までの最低気温が25度以上の日
冬　日　一日の最低気温が0度未満の日
真冬日　一日の最高気温が0度未満の日

年間（２０１３〜22年平均）の**猛暑日**の回数がもっとも多いのは大分県日田市で平均26・5日、２００７年に当時の国内最高気温40・9度を観測した岐阜県多治見市の26・2日がこれに続く。２０１３年に高知県四万十市江川崎で41・0度、２０１８年には埼玉県熊谷市で41・1度と、その後も国内最高気温は更新されるが、これらの観測地の共通点は**フェーン現象**（１０８頁参照）が起こりやすい内陸に位置することだ。猛暑日は、北海道でも内陸の帯広市では近年はほぼ毎年、札幌市でもしばしば記録される。

夏日や**真夏日**が多いのは亜熱帯の沖縄県で、一日の最高気温が30度を超える日が年間１００日以上もある。しかし、夏日や真夏日が多ければ、当然猛暑日の回数も増えるものと思いがちだが、本土復帰後の約50年間で、那覇市の最高気温が35度を超えた日はたった5回しかない。意外だが、沖縄県では猛暑日はほとんど観測されない。那覇市の過去の最高気温は２００１年に観測された35・6度だが、これは札幌市の最高気温36・2度よりも低く、実は那覇市は全国の47都道府県庁所在地のうちもっとも最

主要観測地の猛暑日数
（2013～2022年の平均）

日田（大分）	26.5日
多治見（岐阜）	26.2日
館林（群馬）	24.1日
京都（京都）	23.4日
甲府（山梨）	21.3日
熊谷（埼玉）	20.7日
豊田（愛知）	20.7日
伊勢崎（群馬）	20.7日
枚方（大阪）	20.1日
江川崎（高知）	19.0日

主要観測地の真冬日数
（1991～2020年の平均）

白滝（北海道）	99.1日
旭川（北海道）	73.7日
稚内（北海道）	72.6日
札幌（北海道）	43.6日
函館（北海道）	28.0日
青森（青森）	18.7日
新潟（新潟）	0.4日
軽井沢（長野）	16.2日
長野（長野）	5.2日
高山（岐阜）	7.7日

主要県庁所在地の猛暑日・真冬日等の日数（2022年）

	夏日	真夏日	猛暑日	熱帯夜	冬日	真冬日
札幌（北海道）	71	10	0	0	106	33
秋田（東北）	103	31	0	2	74	5
仙台（東北）	94	32	5	4	66	0
東京（関東）	140	66	16	27	15	0
長野（中部）	128	68	10	1	96	10
金沢（中部）	122	71	11	31	24	0
名古屋（中部）	152	88	16	35	28	0
大阪（近畿）	151	87	14	51	3	0
松江（中国）	132	66	8	29	24	0
高松（四国）	141	90	26	54	13	0
宮崎（九州）	151	82	9	47	8	0
那覇（沖縄）	218	109	0	113	0	0

資料：気象庁

高気温が低い都市である。沖縄県では気温が35度を超えることは滅多にない。これは沖縄の島々が四囲を海に囲まれているために海風の影響を強く受けるからである。

東京の猛暑日は年間8・7日、大阪は17・7日、これはフェーン現象が発生しやすい日田市（大分）の26・5日や多治見市（岐阜）の26・2日に比べると少ないが、日田市が年間6・5日、多治見市が9・7日しかない熱帯夜の日数は東京が26・5日、大阪が42・1日もある。都市部では人工排熱が原因となって、周辺地域より気温が高くなるいわゆるヒートアイランド現象の影響と考えられ、名古屋市の30・8日、福岡市の34・2日など、東京以西の大都市では熱帯夜が多い。

なお、一日中気温が0度を超えることがない**真冬日**は、北海道白滝の年間99・1日がもっとも多く、主要都市では旭川市が73・7日、札幌市が43・6日、青森市18・7日である。本州以南では山間部や高地を除けば真冬日は少なく、仙台市や新潟市でも年間1日ほどだ。九州では**冬日**すらほとんどなく、沖縄県那覇市では大正時代に観測された4・9度が、今なお公式の過去最低気温である。

第4章　原因・理由が気になる疑問

1 日本の標準時子午線が明石市を通る東経135度になったワケ

東経135度が標準時子午線になった経緯とは

ロシアやアメリカのような広大な国ならばともかく、明治初期には日本国内でも時差があったという。時計が普及していなかった当時は、正午になると大砲を撃ち放ち(その音から「ドン」と呼ばれていた)、人々に時刻を知らせていた。しかし、時刻を決める基点である太陽の南中時は、東の地方ほど早く、西の地方ほど遅いため、ドンの時刻は全国一斉ではなかった。つまり、中央集権体制が進む中、なんと国内の時刻が統一されていなかったのだ。そのため、文明開化の象徴でもある鉄道も、当初は、東京は東京時刻、大阪は大阪時刻で列車が運行されていたという。

時刻の統一、すなわち日本で標準時が定められたのは1888(明治21)年のことである。その3年前、アメリカで日時の国際基準を定める国際子午線会議が開かれ、イギリスの**グリニッジ天文台**を通る経線を0度とし、世界の時刻の基準となる**本初子午線**が決められた。この会議を受けて、日本は**東経135度線**を日本の**標準時子午線**

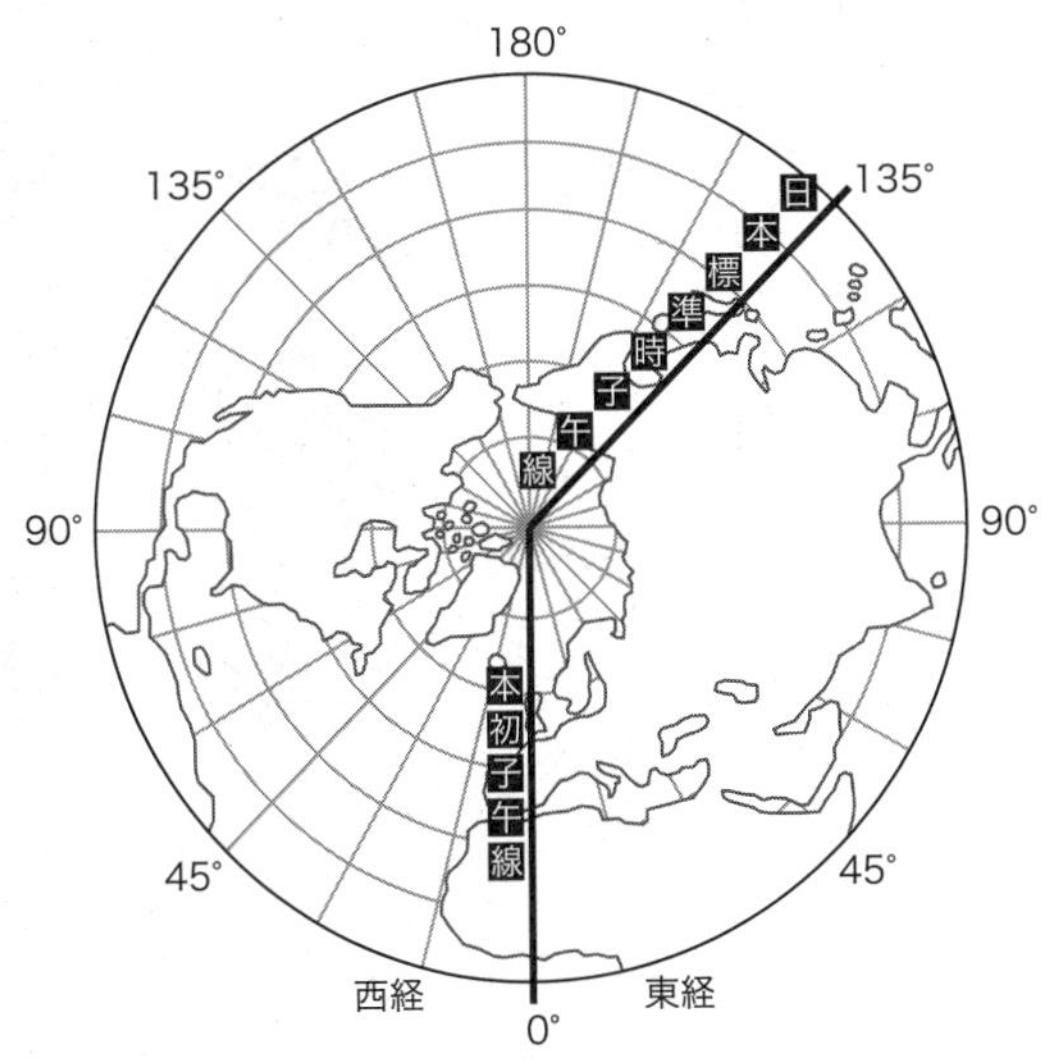

本初子午線と日本標準時子午線

に決定し、ようやく国内の時刻が統一されたのである。

子午線を１３５度線に決めたのは、１３５がちょうど15で割り切れる数字だからである。地球は24時間で一回転するので１時間では24分の１回転、つまり、地球全周３６０度の24分の１の15度ごとに１時間の時差が生まれる。標準時子午線に15度の倍数となる経線を採用すると、世界各地との時差の計算が簡単なのである。

たとえば、東経１３５度の場合、日本とイギリスの時差は１３５÷15なのでちょうど

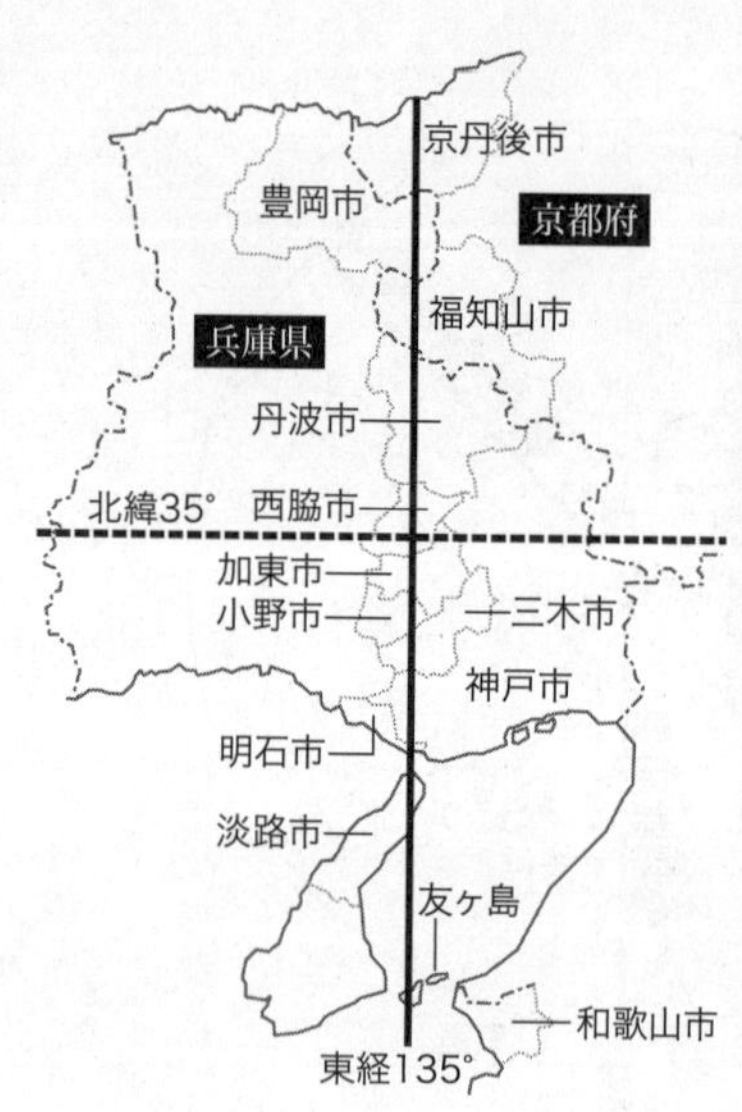

子午線が通る自治体

山陽電鉄「人丸前」駅ホームに描かれた東経135度線と明石市立天文科学館

9時間。しかし、もし子午線を東京近郊を通る140度にすると、140÷15となって割り切れず、9時間20分と中途半端な時差になってしまう。

子午線のまち「明石市」

ところで、東経135度線が**明石市**を通っていることはよく知られている。しかし、135度線は明石市だけではなく、神戸市など3府県の12市を通っている。西脇市は、東経135度線とさらに北緯35度線が交わっていることから、「日本のへそ」とも呼ばれている。それなのに、なぜ、

135度といえば明石市なのだろうか。

北は日本海に面した京丹後市（京都府）から南は和歌山市の友ヶ島まで、東経135度線の子午線に沿って、今では50か所以上の場所に子午線を示す標識が設置されている。しかし、子午線通過地点に標識を建てることを最初に計画したのは、明治時代、当時の明石郡の小学校長会だった。1910（明治43）年、参謀本部の測量地図に基づいて、郡内の2か所に高さ2・7ｍほどの「大日本中央標準時子午線通過地識標」などと刻んだ花崗岩（かこうがん）製の碑を建てたのがその最初である。どちらも現存している。

1960年には明石市立天文科学館が開設された。地上54ｍの展望塔は、山陽本線の電車や明石海峡を航行する船からも望むことができるが、この塔は日本標準時子午線の標識も兼ねている。

2　有馬温泉や道後温泉、近くに火山がないのに温泉が湧出するワケ

火山性温泉と非火山性温泉

47都道府県のうち温泉のない県は一つもなく、1000万都市東京の真ん中にも温

泉が湧く。温泉って火山がなくても湧き出るのだろうか？

温泉法によると、温泉とは「地中から湧出する温水や鉱水などで、源泉温度が25度以上、または指定された成分を1種類以上含んでいるもの」と定義されている。

温泉は、北海道から九州・沖縄まで全国どこでも見られるが、やはり火山の近くに多く分布している。これらの地域に見られるのは**火山性の温泉**で、登別（北海道）、草津（群馬県）、箱根（神奈川県）、熱海（静岡県）、別府（大分県）など古くから多くの人々に利用されている温泉が多い。火山性の温泉は地下のマグマを熱源とし、源泉温度が高いことや泉質の多様さが特徴である。

しかし、火山のない地域にも温泉は湧く。日本三古湯として知られる有馬（兵庫県）、白浜（和歌山県）、道後（愛媛県）は、日本書紀にも登場する由緒ある温泉だが、近くに火山がまったくない**非火山性の温泉**だ。しかも、有馬には98度、白浜にも86度という高温の源泉がある。火山帯でもないのに、なぜこのような高温の湯が湧出するのだろうか。

非火山性の高温泉の熱源については長く謎とされてきたが、近年の研究では、日本列島の地下に潜り込んだ海洋プレートに起因することが明らかになっている。地下100〜150km付近ではプレートと地殻の境界部でマグマが生成されることはすでに141頁で述べたが、地下40〜100kmという浅い部分では、マグマは生成されないものの、高い地圧によってプレートの岩石から脱水が起こり、高温の熱水が発生する。高温水は比重が軽いため、断層などの割れ目に沿って上昇し、割れ目が地上まで通じている箇所に温泉として湧出するのである。火山のない地域でも、古くから人々に親しまれている多くの温泉があるのはそのようなわけだ。

大深度温泉とは

遊園地や植物園、アウトレットモールなどの施設が充実する三重県桑名市のナガシマリゾートは年間１５００万人の利用者で賑わう日本最大級の総合レジャー施設である。その発展は１９６０年代の温泉開発に始まり、この温泉は長島温泉として今ではその名を全国に知られているが、実はこの温泉の湯は５００ｍを超える深さの井戸から泉温50度の湯を汲み上げている。

一般に地下の温度は１００ｍ深くなるごとに約3度上昇するといわれ、今、各地に**大深度温泉**が増えている。地下１０００ｍくらいは当たり前で、２０００ｍを超える地下から湯を汲み上げている温泉も珍しくない。当然、深く掘れば掘るほどコストはかかるが、最近は掘削技術の進歩により、１ｍあたりの掘削費用は約5～7万円、さらに事前には地質調査も行うため、掘削の成功率はかなり高いそうだ。

その一方、熱海や別府など全国の老舗温泉地では宿泊者が減少しているという。しかし、一方では大都市近郊の日帰り温泉施設が増えており、また、秘湯と呼ばれる地方のひなびた温泉地が静かなブームを呼んでいる。日本人は温泉好きで知られるが、温泉も多様化の時代のようだ。

3 「魚沼産コシヒカリ」が日本一の銘柄米になったワケ

お米の王様「コシヒカリ」

通常の銘柄米の価格は5kg3000〜5000円が相場だが、「魚沼産コシヒカリ」になると5000円クラスは当たり前、1万円超えも珍しくない。

「当店は魚沼産の**コシヒカリ**を使用しています」

このような幟旗（のぼりばた）や看板を掲げている和食店や弁当屋を見かけることがある。コシヒカリの使用をアピールするこの表示があるのとないのでは、店の売り上げが大きく違うという。

最近は米を購入する際に、銘柄にこだわる消費者が増えているが、やはり、コシヒカリがダントツの人気だ。コシヒカリは「お米の王様」と呼ばれ、2020年の品種

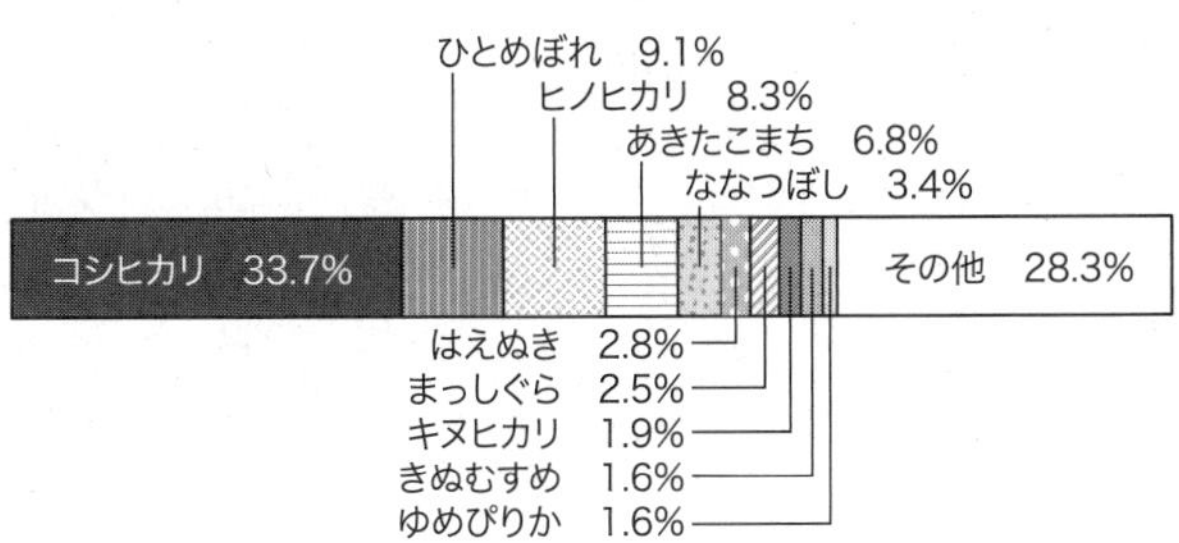

米の品種別作付面積（2020）

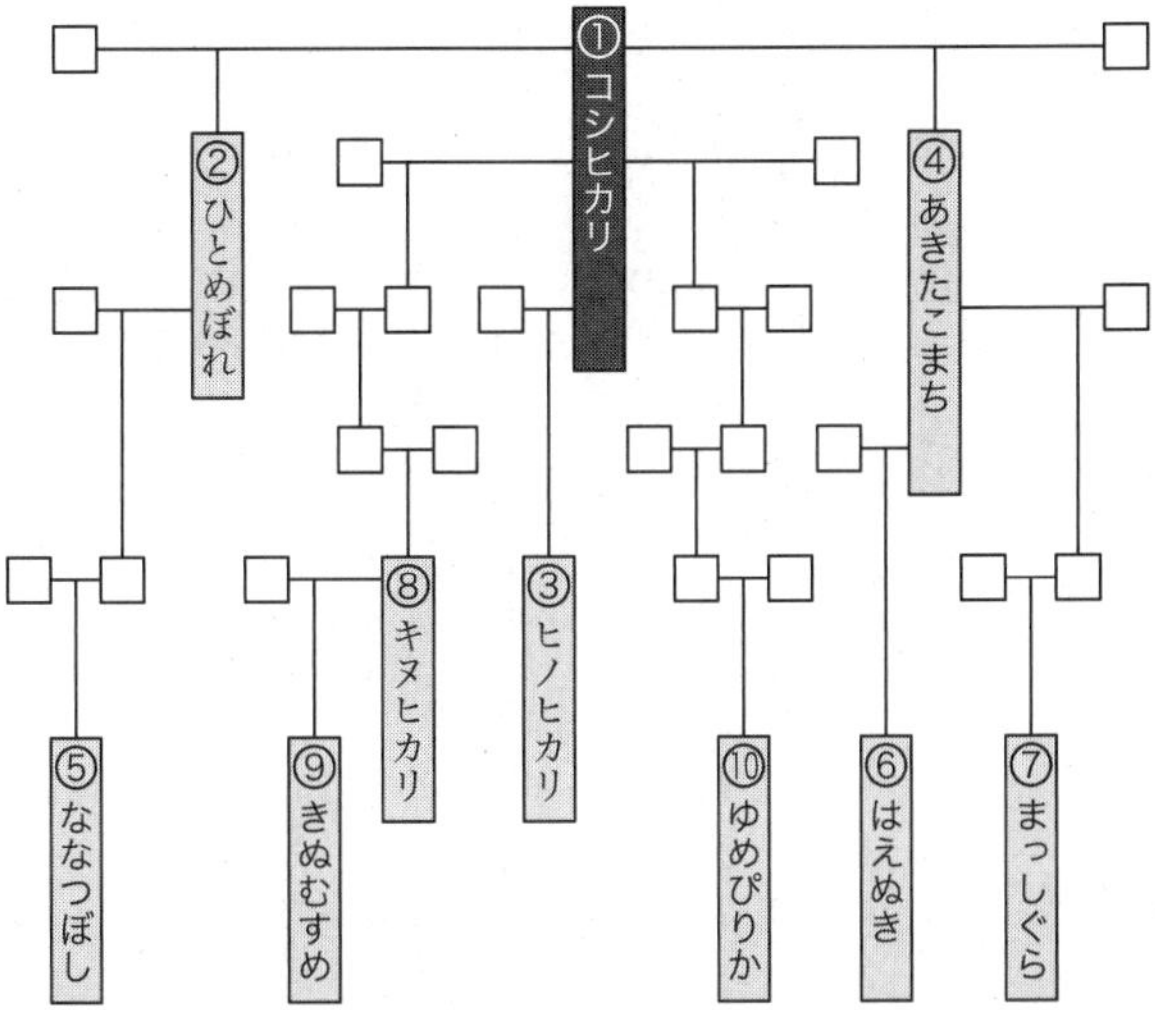

コシヒカリとその交配品種の系譜

別作付面積でも33・7%と群を抜いて1位であり、2位以下10位まで**ひとめぼれ**、**ヒノヒカリ**、**あきたこまち**などコシヒカリ系の交配品種が続く。

日本人の食生活の変化にともないコメ離れが進行し、この半世紀で国内の米の作付面積や生産量は半減しているが、コシヒカリに限るとむしろ増加している。近年の食生活の洋風化によって料理の味付けが濃くなると、ササニシキや日本晴(にっぽんばれ)などあっさりした味の米に代わって、コシヒカリのようにほのかな甘みと粘りのある食感の米が好まれるようになったのだ。さらに、コシヒカリは冷めてもおいしさが変わらないため、おにぎりや弁当にも適しており、現代人の食生活にピッタリの米なのだ。

なぜ、魚沼が日本一のコメどころになったのか

日本穀物協会は、毎年、米の全国の産地品種について食味試験を実施し、「米の食味ランキング」を公表している。２０２２(令和4)年産米では、全国の40銘柄が最高ランクの「**特A**」に認定された。それらの中でも新潟県の「魚沼産コシヒカリ」は28年連続で特A評価を獲得するなど、高い評価を得ており、「king of king」のブランド米として、消費者の圧倒的な支持を集めている。

魚沼とは、新潟県中南部の旧魚沼郡に属する5市2町を指す。魚沼が日本を代表する穀倉地帯に発展した要因として、まず越後山脈の雪解け水が挙げられる。この地方

北海道	ななつぼし
〃	ゆめぴりか
〃	ふっくりんこ
青森県　津軽	青天の霹靂
秋田県　中央	ひとめぼれ
岩手県　県中	銀河のしずく
宮城県	つや姫
山形県　村山	つや姫
〃　置賜	つや姫
〃　庄内	雪若丸
〃　置賜	雪若丸
福島県　会津	コシヒカリ
茨城県　県央	コシヒカリ
〃　県南	コシヒカリ
埼玉県　県西	彩のきずな
新潟県　魚沼	コシヒカリ
〃　上越	コシヒカリ
福井県	いちほまれ
岐阜県　美濃	コシヒカリ
〃　飛騨	コシヒカリ

静岡県　西部	にこまる
愛知県　三河中山間	ミネアサヒ
三重県　伊賀	コシヒカリ
京都府　山城	ヒノヒカリ
鳥取県	きぬむすめ
〃	星空舞
島根県	きぬむすめ
岡山県	きぬむすめ
〃　県南	にこまる
広島県　南部	恋の予感
香川県	おいでまい
愛媛県	ヒノヒカリ
〃	にこまる
高知県　県北	にこまる
〃　県西	にこまる
福岡県	元気つくし
佐賀県	さがびより
長崎県	にこまる
大分県　西部	ひとめぼれ
〃	つや姫

2022年産米特A評価地区品種

旧魚沼郡の範囲

は全国有数の豪雪地帯であり、冬季の降雪は農業生産を大きく制約し、そのため、逆に生産性の高い**水田単作農業**が発展した。山間部に厚く積もった雪は、ミネラルを豊富に含んだ雪解け水となって水田を潤し、夏は、冷たい水が土壌の温度上昇を抑え、稲の根に活力を与える。

次に、夏の高温低湿の気候である。太平洋側から吹く高温多湿の季節風が越後山脈でさえぎられるため、新潟側は晴天が続いて日照時間が長くなり、湿度も太平洋側より低く、稲作には最適の気候となる。中でも標高300～400mの盆地にある魚沼は、昼夜の気温差が大きく、旨みと粘りのある米を育てる。また、日本海側は、冷害や台風などの災害が少ないことも好条件だ。

土壌にも特徴がある。魚沼地方の土壌は、窒素供給力が小さいやや痩せた土壌だが、この土壌が倒伏しやすいコシヒカリの生育過剰を抑制するちょうどよい土壊となっている。

もちろん、おいしい米づくりを追究し続けてきた先人の努力と情熱が最大の要因であることはいうまでもない。

4 りんご（青森県）、さくらんぼ（山形県）、ぶどう（山梨県）、落花生（千葉県）　日本一の産地になったそれぞれのワケ

青森県が日本一のりんご産地になったワケ

九州にもりんご狩りができる観光農園があるそうだが、りんごの産地といえばやはり北国、長野県以北の県が国内の生産量のほとんどを占めている。そのうち、ダントツの日本一が青森県だ。

青森県が日本一の産地になった要因は、気象条件がまず挙げられる。りんご栽培には、降水量がやや少なめで、昼夜の温度差が大きく、年平均気温が6～14度の冷涼な気候が最適とされている。昼夜の寒暖の差は果実の糖度を高める。なお、雨が多すぎると病虫害が発生しやすくなり、冬の降雪が多いと樹木が枝折れしてしまう。

日本のりんご栽培の歴史を見ると、明治初期に窮迫していた士族たちに職を与えて

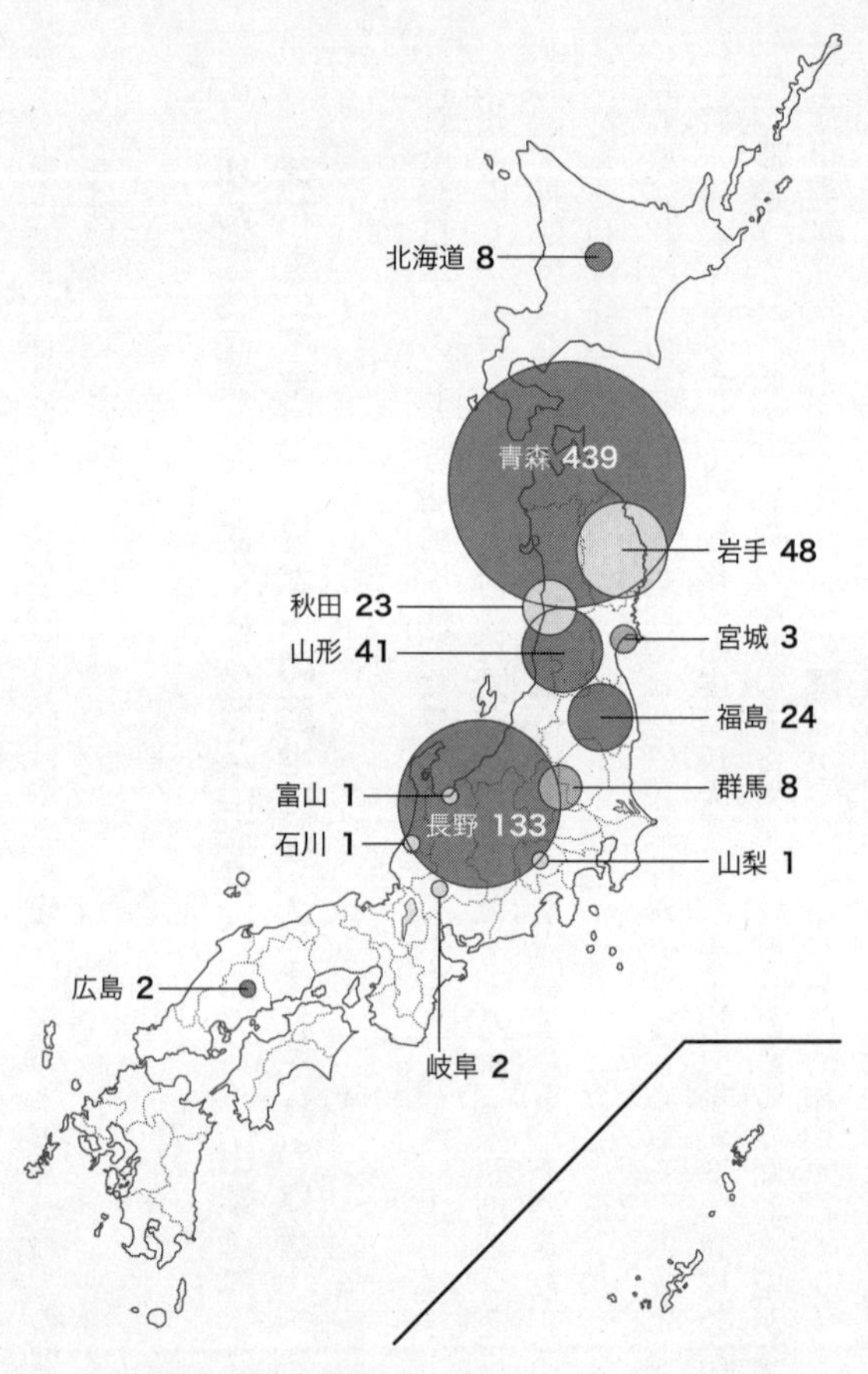

りんごの都道府県別生産量（2022）

単位：1000 t　農水省統計より作成

殖産興業を図るねらいで、内務省がアメリカから輸入した苗木を各地に配布したことがその始まりである。しかし、果樹栽培には時間と資金、広い土地が必要であり、多くの地方では成功しなかった。青森県には大土地所有の地主が多く、大規模なりんご園が多く開設されたこと、東北本線の開通で京浜方面へ出荷が可能になったこと、青森は冷害が多く、米以外の作物に頼らねばならなかったことも要因となり、日本一のりんご産地に成長した。今、青森りんごは、台湾など海外でも評価が高く、輸出が増えている。

山形県が日本一のさくらんぼ産地になったワケ

大阪育ちの筆者が子どもの頃に食べたさくらんぼといえば缶詰のみつ豆に入っていたシロップ漬けのもので、生のさくらんぼを食べたという記憶がない。山形県は明治初期にさくらんぼ栽培が始まり、以来、日本最大の産地だが、さくらんぼは傷みやすく、以前は収穫されたさくらんぼの8～9割が缶詰に加工されていた。生のさくらんぼは出荷されても東京までで、西日本の人々がそれを食べることができるようになったのは、貯蔵技術が進歩し、高速道路が整備されて輸送時間が短縮した1980年代以降のことだ。

さくらんぼは、落葉後に休眠する果樹であり、冬には一定の寒冷な期間が必要で、

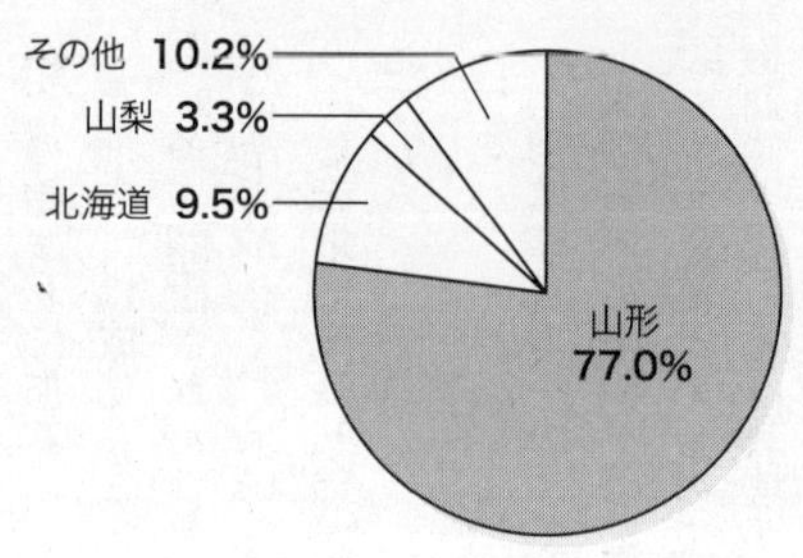

さくらんぼの生産量の都道府県別割合（2022）

山形県付近が栽培の南限とされている。山形県が日本一のさくらんぼ産地になった要因としては、山形盆地の夏は日照時間が長く、昼夜の寒暖差が大きいなど、甘くて真っ赤な粒にするためには最適の気候であったこと、山形は台風や冷害の影響が少ないこと、山形県以北は市場から遠のくため、山形県は地理的にも有利だったことが挙げられる。

ちなみに、山形県のさくらんぼ栽培の中心地である東根市にある山形新幹線の駅の名は「さくらんぼ東根」という。全国でフルーツの名が駅名に使われている新幹線駅はここだけだ。

山梨県が日本一のぶどう産地になったワケ

山梨県でぶどう栽培が始まったのは奈良時代とも平安時代末期ともいわれるが、確実なことはわからない。芭蕉が「勝沼や馬子もぶどうを食いながら」と句に詠んだように、江戸時代には「**甲州ぶどう**」がこの地方

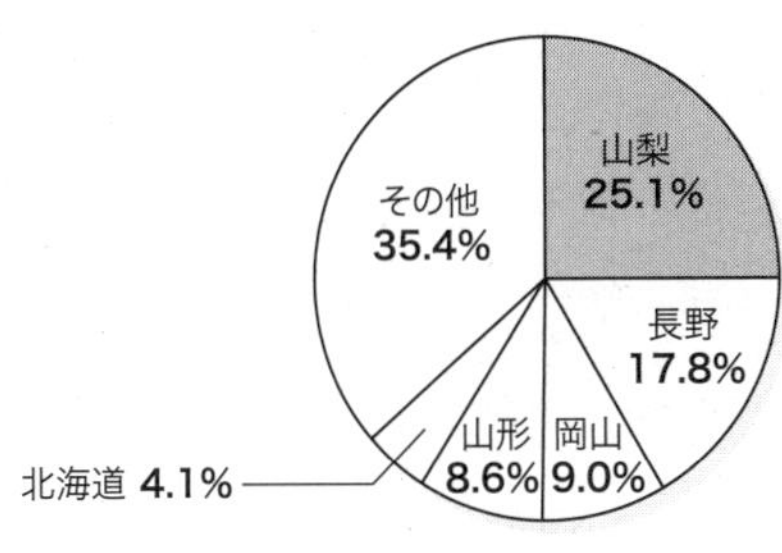

ぶどうの生産量の都道府県別割合（2022）

の名産として知られていた。

生産の中心地は甲府盆地東部の勝沼地方（甲州市）である。果樹栽培の条件である日照時間が長く、昼夜の寒暖差が大きい内陸性の気候は、甲府盆地にもあてはまる。また、勝沼一帯は、富士川の支流京戸（きょうど）川の扇状地で緩やかな傾斜地が広がり、水田には不向きだが、水はけのよい地質がぶどう栽培には最適であった。

栽培されるぶどうは、従来は日本固有の甲州種やアメリカ系の生食用の品種が主流だったが、ワイン用のフランス系品種も多く栽培されるようになり、現在、勝沼では40社以上の醸造会社が全国生産量のおよそ約3割を占めるワインを生産している。

千葉県が日本一の落花生産地になったワケ

「**落花生**」の語源はその名の通り、花が落ちて実が生まれるという意味で、花が落ちたあと、子房の下の部分が地中に潜り、豆が成長する。また、江戸時代中期

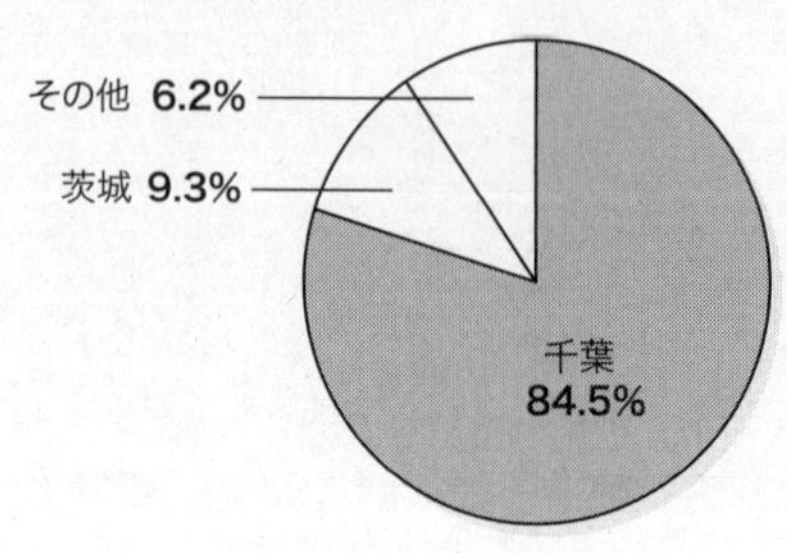

落花生の生産量の都道府県別割合（2021）

に中国から伝来したことから「**南京豆**」とも呼ばれ、木になる（nut）豆（pea）という意味で、英語では「**ピーナツ**（peanut）」という。

落花生の栽培には火山灰地が適しており、千葉県北部の丘陵地帯には**関東ローム層**（107頁参照）が広がっている。明治初期、地元の農民有志が、やせた土地でも温暖な気候ならよく育つといわれる落花生を試作したところ、良好な成績を得ることができ、以後、千葉県は日本最大の落花生産地に発展する。しかし、近年は安価な中国産に押され、国内の落花生の生産量は減少しつつある。

なお、千葉県や東北地方の一部には、節分の豆まきに殻付きの落花生を用いる地域があるそうだ。

5 燕（新潟県）の洋食器、鯖江（福井県）の眼鏡、今治（愛媛県）のタオル　日本一の地場産業、その発展のワケ

燕市で全国の90％超の洋食器が生産されるワケ

燕市は新潟県のほぼ中央部に位置し、上越新幹線の「燕三条」駅がある。冬の長い間、雪に閉ざされる北陸地方では、古くから副業として織物・焼きもの・和紙など様々な伝統産業が発達してきた。燕でも江戸時代初期から農閑期の副業として**和釘**づくりが行われていた。当時、江戸では火災が頻繁に発生し、復旧に釘は欠かすことができず、燕はその最大の供給地となっていた。

また、江戸時代中期には燕近くの弥彦山で銅の採掘が始まり、燕ではキセルや矢立などの**銅器**づくりも発展し、江戸時代の燕は金属の圧延技術や彫金などの飾り物の技術が発達し、「金物のまち」として繁栄していた。

明治以降、洋釘が輸入されるようになると、和釘は売れなくなり、さらに紙巻タバコや万年筆の普及は、キセルや矢立の需要も激減させる。しかし、燕の職人たちはその優れた金属加工の技術を**洋食器**の製造という新たな金物づくりに応用した。文明開

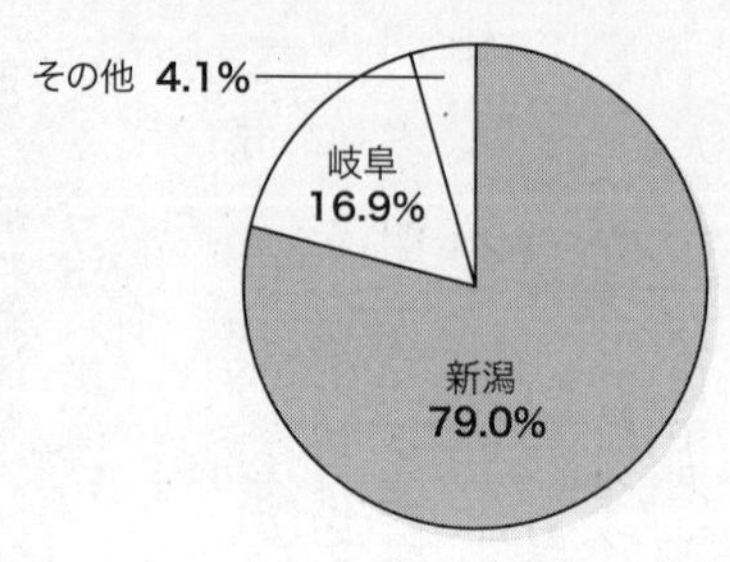

洋食器（スプーン・フォーク）出荷額の都道府県別割合（2020）

化によって洋食が普及し始めると、東京の金物問屋から金属洋食器の注文が舞い込み、職人たちがフォークやスプーンを試作したところ好評を得ることができた。以後、金属洋食器の製造は燕の主幹産業として発展してゆく。大正時代には海外へも輸出するようになり、第二次世界大戦中は一時衰退したものの、戦後はステンレス洋食器の大量生産に成功し、燕の洋食器生産は、日本を代表する輸出型地場産業としての地位を確立した。

鯖江市で全国の90％超の眼鏡が生産されるワケ

人口6・9万人の北陸の小都市**鯖江**は、日本国内市場の90％以上、全世界の約20％の生産シェアを持つ世界有数の眼鏡産地である。

鯖江の眼鏡生産も、冬の農閑期の副業として発達した。明治末期に、地元の富農が村人たちの生活を安定させようと、私財を抛(なげう)って大阪や東京から職人を呼び

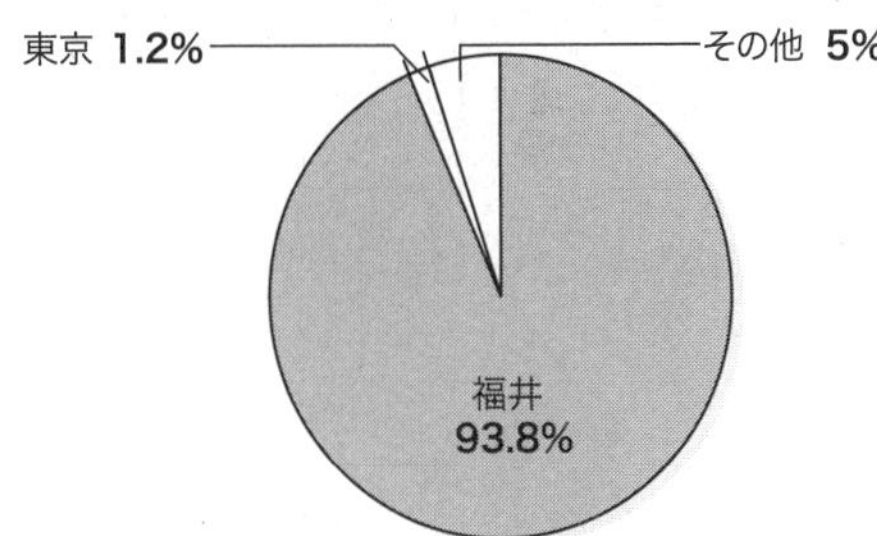

眼鏡フレームの出荷額の都道府県別割合（2020）

寄せ、村人たちに眼鏡の製造技術を伝えたことがその始まりとされている。

そして、第二次世界大戦の戦災によって、当時の眼鏡生産の先進地であった東京や大阪の工場は壊滅してしまうが、鯖江は空襲を受けなかった。さらに戦争が終わると市内中心部にあった軍用地が払い下げられ、その跡地に眼鏡工業団地が開発されて、眼鏡生産は飛躍的に発展する。１９８０年代には、世界に先駆けてチタン製眼鏡フレームの量産化に成功し、眼鏡産地として鯖江の世界的な地位は揺るぎないものとなる。その後、低コストで大量生産を行う中国が台頭してくると、出荷額は減少するが、２００３（平成15）年、産地統一ブランド「THE291（フクイを数字で表現）」を立ち上げ、洗練されたデザインと機能美を備えた高品質をアピールし、製品開発から宣伝・販売にいたるまで一貫して産地企業が行う体制を確立した。鯖江は、これまでの「作る産地」から「売る産地」へ

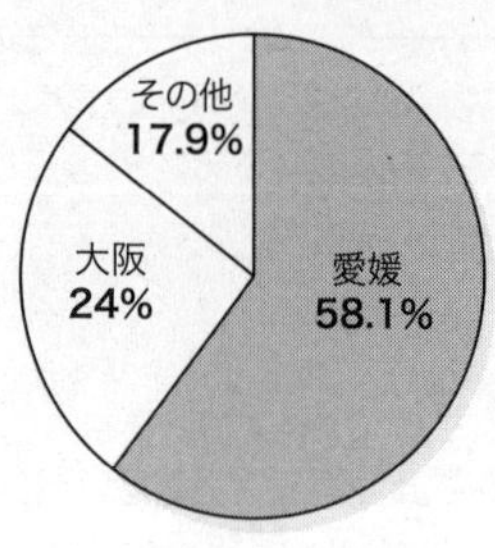

タオルの出荷額の都道府県別割合（2020）

資料：経産省工業統計調査

の転換を図っている。

今治市で全国の50％超のタオルが生産されるワケ

愛媛県の今治地方は古くから織物がさかんで、奈良時代には織物を税として納入していたという記録が残っている。江戸時代には、瀬戸内海に面し、温暖で雨の少ない穏やかな気候を活かして、綿の栽培がさかんになった。農家の女性たちによって手機で織り上げられた綿布は、「**伊予木綿**」の名で今治藩の御用商人によって尾道や大阪へ出荷され、藩の重要な収入源になっていた。

今治で織物が発達したのは、織物には晒しや糊抜きなどの各工程で多量の水を使用するが、この地方が軟水で不純物が少ない伏流水に恵まれていたこと、また、晒した糸や生地は乾かす必要があるが、雨の少ない気候が天日乾燥に適していたことが理由として挙げられる。

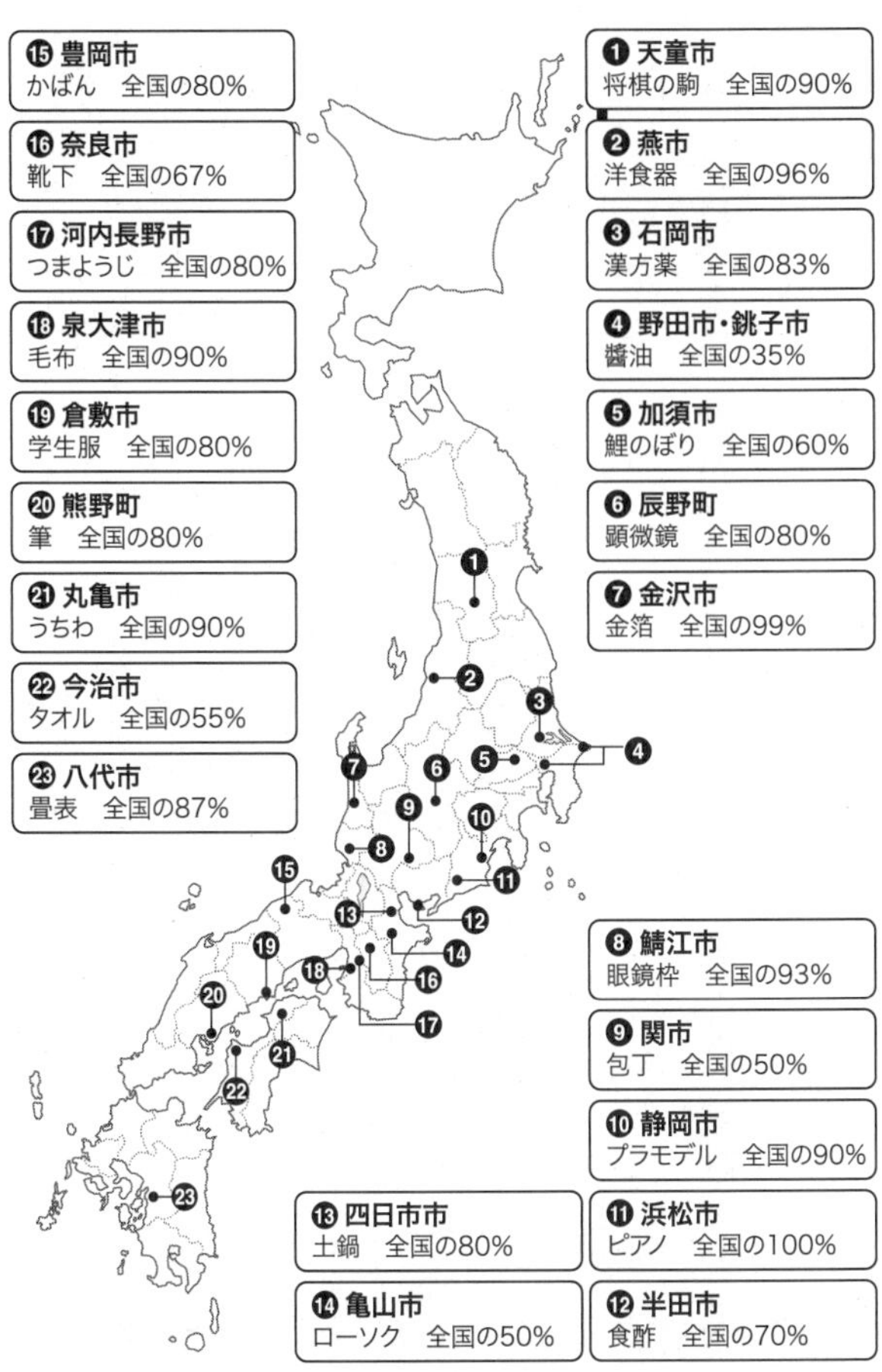

生産シェアが高い全国のおもな地場産業

明治時代になると、軍隊で兵隊の下着用に保温性の高いネル（布面をやや毛羽立たせた柔らかな織物）の需要が高まると、今治では「**伊予綿ネル**」を開発し、さらに、大阪で当時は「**西洋てぬぐい**」と呼ばれていたタオルが製造され始めると、今治でもその将来性に着目し、さっそくタオル生産に乗り出した。5年後には早くも今治はタオル生産日本一となり、大正時代には「四国のマンチェスター」と呼ばれるほどの発展を遂げる。

1970年代のピーク時、今治市内には500社を超えるタオルメーカーがあり、世界最大のタオル産地だったが、近年は眼鏡や洋食器と同様に、安価な中国製品に押され、今治のタオル産業も苦境に立たされている。そして、眼鏡や洋食器と同様に、安心・安全・感動・満足を消費者に与える品質の高い商品をつくることに、今、日本の地場産業は再生の活路を見出(みいだ)している。

6　クロマグロ1匹が3億3360万円　初競り値が高騰するワケ

3億3360万円は異常価格か？

津軽海峡で獲れる青森県大間産のクロマグロは高級魚マグロの中でも最高ブランドとされる。200kgを超える大物となると1匹100万円以上の値が付けられることは珍しくない。この価格でさえ、われわれ庶民にはピンと来ないが、2023（令和5）年1月、東京の豊洲市場で開かれた初競りで、大間産の212kgのクロマグロ1匹が3604万円で競り落とされた。いわゆる**ご祝儀相場**というやつだ。落札したのは大手の寿司店と提携している仲卸業者で、この超弩級の高級マグロはその日のうちに解体され、系列の店舗で赤身とトロの2貫セットが1040円で提供された。この寿司店の料理長は「コロナ禍で世間が沈んでいた時期もあったが、こういう時期だからこそ、みなさまに幸せを届けられたらという思いです」と語っていた。外食産業が好調だったコロナ前までは初競り値が1億円を超えることがたびたびあり、2019年には、何と3億3360万円、1kgあたり120万円というとてつもない超高値が付けられたこともあった。マグロ一匹に

マグロ初競り落札価格の推移

年	価格	重量
2012	5649万円	269kg
2013	1億5540万円	222kg
2014	736万円	230kg
2015	451万円	180kg
2016	1400万円	200kg
2017	7420万円	212kg
2018	3645万円	405kg
2019	3億3360万円	278kg
2020	1億9320万円	276kg
2021	2084万円	208kg
2022	1688万円	211kg
2023	3604万円	212kg

（東京都豊洲市場など）

東京ベイエリアの3LDKの高級タワーマンションよりも高い値が付けられたのだ。

ただ、この破格の初競り値に「この勢いで日本経済も上向く」「一攫千金(いっかくせんきん)を目指し、漁師をめざす若者が増えるのでは」など、肯定的に捉える声がある一方、「あれは大資本の寿司店どうしのバトルで、適正な価格を形成する本来の市場の機能に悪影響を与えかねない」など豊洲の内外からは疑問の声が上がっているのも事実だ。

ご祝儀相場のウラ事情

他にも、全国各地で様々な初競りが行われている。しかし、その落札価格つまりご祝儀相場はやはり高額だ。メロン1玉が150万円、カニ1匹が100万円という価格はやはり尋常ではない。

三重県の松阪牛の共進会でかつてこのようなことがあった。ある年、岐阜県で開かれた飛騨牛の競り市で、一席の牛に4465万円の高値がつくと、松阪では、松阪牛の評価が他のブランド牛より低くなることは許されないと、落札価格が5000万円まで高騰した。松阪牛が最高の価格となることは、松阪牛が最高級の肉牛であるというブランドイメージを消費者に与える。松阪牛に対するブランドイメージが高まると、松阪牛全体が他のブランド牛より高い販売価格を維持することが可能になる。もちろん、この戦略が成り立つのは、松阪牛全体の品質が優れていることが前提で、消費者から高い評価を得ているブランドだからなし得ることだ。地元の関係者は「牛1頭では赤字でも、松阪牛の広告宣伝費とみれば高くはない」と言いきっている。

初競りのマグロが数千万円、ときには億となる価格について、ある広告代理店は、その広告効果をテレビ35億円、新聞約7800万円、これにインターネット・ラジオ・雑誌などを加えるとおよそ40億円になると試算している。かつて、6年連続、最高価格で競り落とした寿司店は、その間に売上高をほぼ倍増、100億円近く増やしており、初競りの超高値にはこのような経済効果があるわけだ。

ただ、マグロ一匹が億の値で取り引きされるのはいくら何でも異常ではないかという声が出始め、業者は無理に競り合うのを止め、また、一発狙いで、荒天時に漁師たちが危険な漁に出ることを止めさせたいということもあって、近年はかつてほど落札価格は高騰しなくなっている。

各地のブランドフードの初競り価格（2022〜2023年）

松阪特選牛　1頭　2600万円（松阪肉牛共進会）
夕張メロン　2玉　300万円（札幌市中央卸売市場）
江刺りんご　1箱10kg　100万円（盛岡中央卸売市場）
佐藤錦（さくらんぼ）　1箱500g　100万円（天童青果市場）

加能ガニ（ズワイガニ）　1匹　100万円（石川県漁協）
丹波篠山産マツタケ　1本120g　95万円（丹波篠山市場）

7　東日本（50ヘルツ）と西日本（60ヘルツ）で電気の周波数が違うワケ

電力会社から供給される商用電源の周波数が、東日本が50ヘルツ、西日本が60ヘルツと、日本列島の中央で図のように東西に二分されていることはよく知られている。

そのため、東日本から西日本へ引っ越すと、家電製品がそのまま使えないことがある。洗濯機のモーターの回転が早くなって洗濯物が傷んだり、電子レンジのトランスが異常加熱して食べものが均一に温まらなかったりする。もちろん、西日本から東日本へ引っ越した場合にも同じようなことが起こる。

周波数とは、電線を伝ってくるプラスとマイナスの電流の向きが、1秒間に交互に入れ替わる回数のことであり、**ヘルツ（Hz）**という単位で表されるが、同じ国内で2種類の周波数が混在しているのは、世界の主要国では日本だけのようだ。なぜ、そのようになったのか歴史的事実を追ってみる。

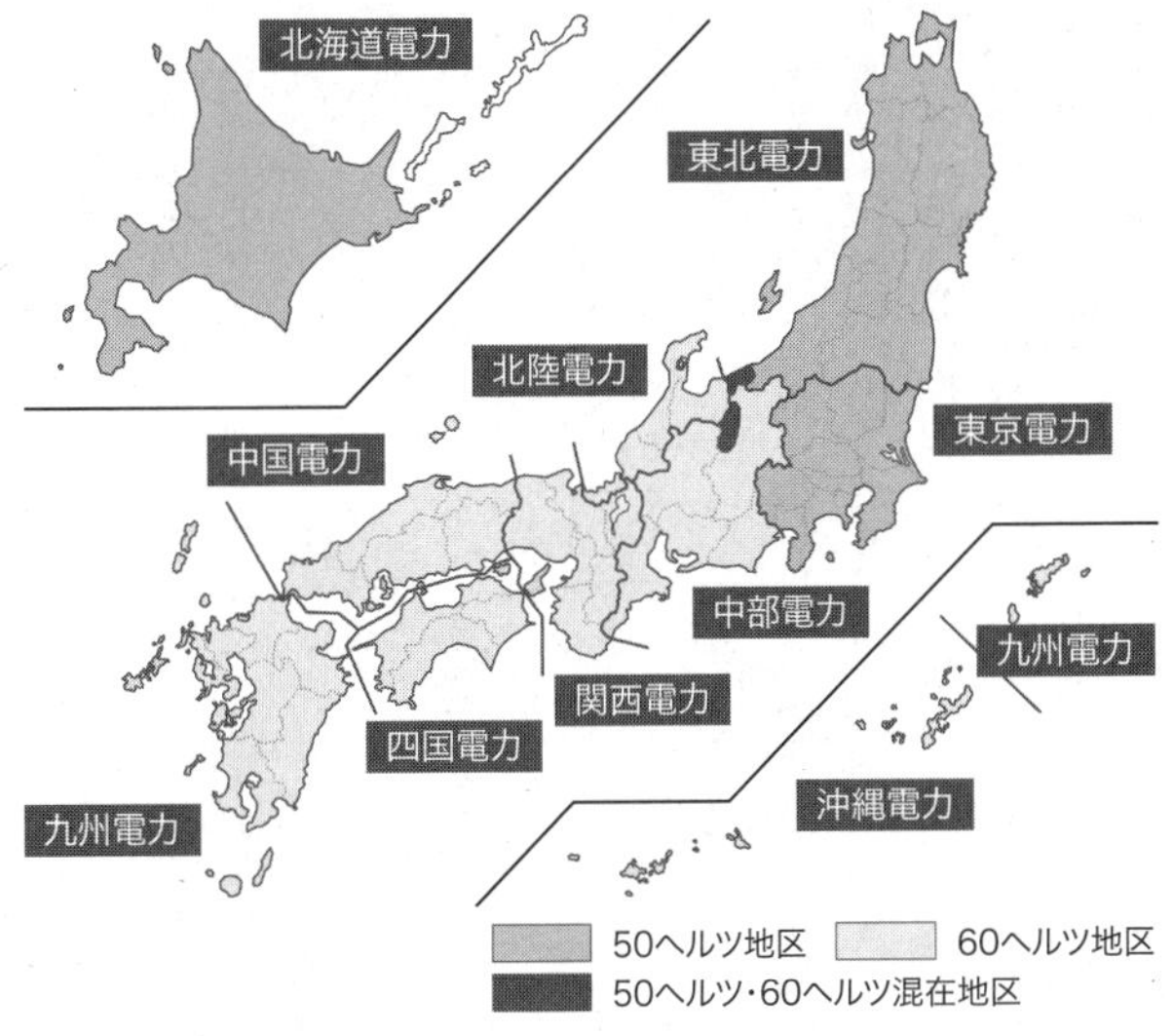

日本の電気の周波数　　出典：東京電力（株）

明治の終わり頃、日本初の電力会社である東京電灯は、浅草に火力発電所を建設し、6基の発電機を**ドイツ**から購入して配電を始めたが、その発電機が**50ヘルツ**であった。同じ頃、大阪電灯など関西の電力会社は、**アメリカ**製の**60ヘルツ**の発電機を導入し、これが現在まで続く東西での周波数の違いの遠因となっている。ただ、戦前までは、現在のようにはっきり東西に二分されておらず、九州では西部が60ヘルツで東部が50ヘルツ、北海道は札幌以西が60ヘルツというように、各地で様々な周波数の電気が使われていた。

欧米諸国でも、初期には様々な周波数が使われていたらしいが、ただ、欧米では早い時期に国内の周波数が統一されている。しかし、日本では国内に電力会社が乱立していたこともあり、周波数の統一はなかなか進まなかった。戦後、ようやく九州や北海道など一部の地域では統一されたものの、全国が一つの周波数に統一されることは結局実現しなかった。

周波数の統一には、どちらかあるいは両方の地域の発電機を交換し、生産設備を改修しなければならない。経費は巨額になり、さらに切り替えの一定期間は電力の安定供給ができなくなるため、その間の経済ロスや混乱を考えると、もはや周波数の統一は現実には不可能である。ただ、現在はどちらの周波数でも使用が可能な周波数フリーの家電製品が販売されるようになり、東西の周波数が違っても、国民生活への支障は少なくなっている。しかし、災害時などに東西で電力融通の必要な場合があり、周波数変換施設の整備を進めておく必要はある。

なお、周波数の境界を越えて電車を運行しているJRでは、在来線の場合は境界部に、架線に電気が流れていないデッドセクションと呼ばれる箇所を設置している。ここを通過する際には架線から車両への電流が絶たれるが、一瞬のため、ほとんどの乗客はそのことに気付かない。ただし、東海道新幹線は全線60ヘルツを採用している。

東京電力・中部電力・東北電力・北陸電力の4つのエリアを走行する北陸新幹線の場合は、何度も周波数の境界を越えるため、両方の周波数で走れる車両を使用している。

また、多くの車両が必要な首都圏や関西圏の大都市近郊の路線では、車両の製造コストを下げられる直流電化方式が採用されており、新幹線や地方のＪＲ路線が採用している交流電化方式ではない。日本の電気事情は複雑である。

8　東高西低の豚肉、西高東低の牛肉　東日本と西日本、肉の好みが違うワケ

豚肉が好きな関東人、牛肉が好きな関西人

「**肉じゃが**」といえば家庭料理の定番、あるマーケティング会社が実施した「お袋の味ランキング」でも味噌汁やカレーライスを抑えて堂々の第1位は肉じゃがだった。

ところで、この肉じゃが、関東より北の地方では豚肉を使うのが一般的だが、西日本では圧倒的に牛肉が多く、豚肉を使う家庭はあまりない。

「〝肉〟って言ったとき、何の肉を思い浮かべますか？」。ＮＨＫ放送文化研究所がそんな調査を行ったところ、関東では牛肉と答えた人が50％、豚肉と答えた人は44％だ

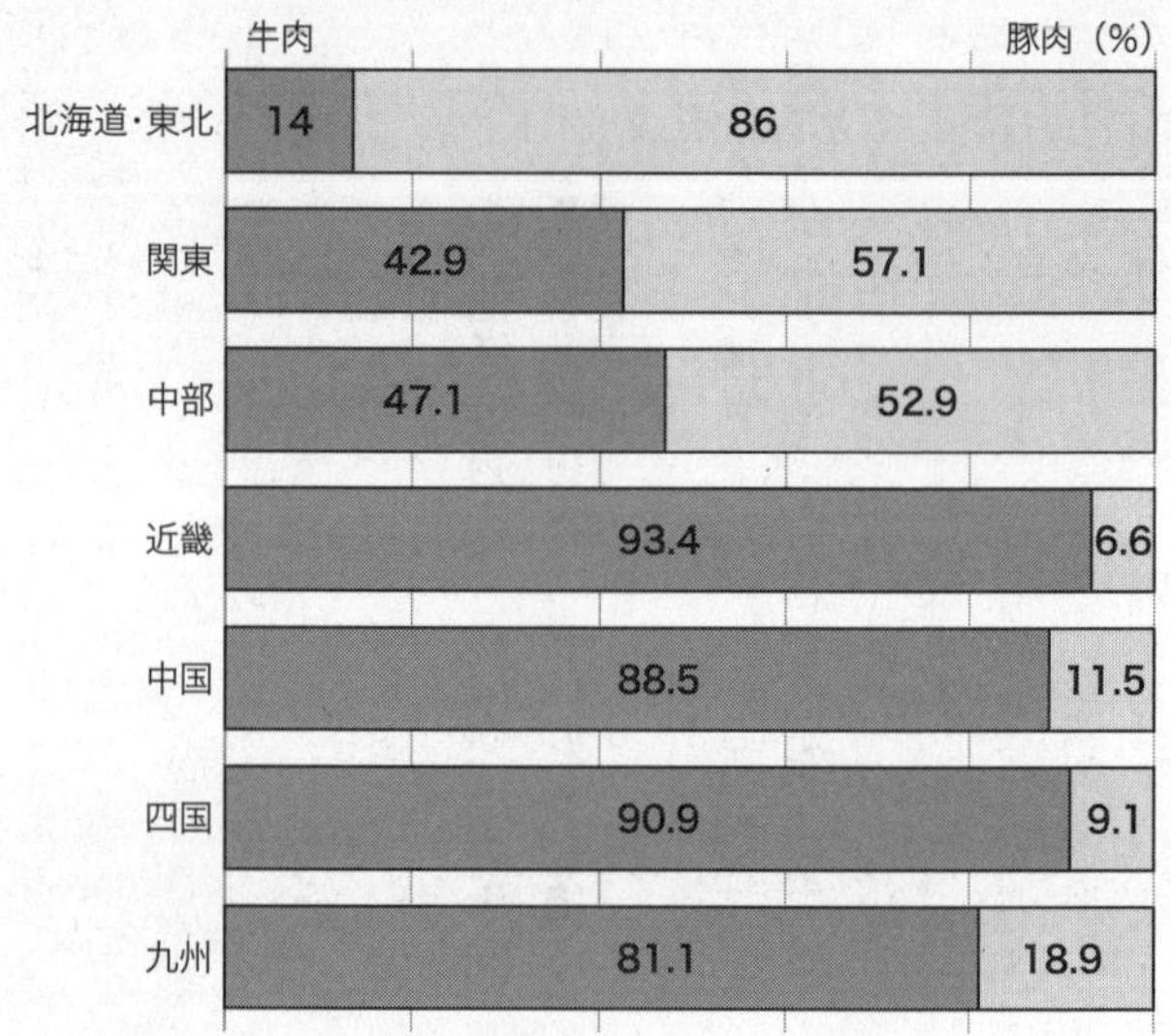

「肉じゃが」に使う肉の種類は？

全体を見ると、豚肉と牛肉の割合はほぼ同じだが、北に進むほど豚肉派が増え、牛肉派は関西で圧倒的に多い。豚肉と牛肉の１世帯あたりの消費量を調査した207頁の総務省統計と一致している。

資料：Jタウン研究所2020年調査

ったが、関西では牛肉と答えた人が89%と圧倒的だった。関東で肉といえば、牛肉や豚肉、鶏肉など肉全般を指すが、関西の人々にとって、肉は牛肉を意味する。肉じゃがに限らず、カレーライスや肉うどんにも関西では牛肉を使い、関東のようにこれらの料理に豚肉を使うことはまずない。

なお、関東の「**肉まん**」は関西では「**豚まん**」と呼ぶ。なぜなら「肉」イコール「牛肉」の関西では、牛肉を使っていないのに「肉まん」と呼ぶわけにはいかないのだ。その逆に「**牛丼**」は、牛肉を使っているのであえて牛丼とは呼んだりはせず、関西では今でも「**肉丼**」と呼ぶ店がある。牛丼という名称はあの吉野家が使い始めたそうだ。

豚肉と牛肉、東西で好みが分かれるワケ

東西の肉の嗜好（しこう）の違いは、1世帯あたりの年間消費量を調べた総務省の調査からもわかる。名古屋付近を境に、**豚肉は東高西低**、関東から東北・北海道と北上するほどこの傾向は顕著だ。

一方、**牛肉は西高東低**、関西地方の1世帯あたりの消費量は東日本の2〜3倍もある。

このような東西での嗜好の違いはいったい何が要因だろうか。

昔は「西の牛、東の馬」といわれ、西日本では、農耕や運搬に用いるために**和牛**が多く飼われていた。明治初期、開港地として発展してきた神戸に居留していたイギリス人たちが、その和牛に注目し、自分たちで解体して食べるようになり、やがて日本人のあいだにも牛肉を食べる習慣が広まった。牛肉を日本の伝統的な調理法で食べる「すき焼き」が誕生し、やがて**神戸牛**と呼ばれるブランド牛肉が確立すると、西日本各地で食用としての和牛生産がさかんになり、**松阪牛**、**近江牛**などの多くの銘柄牛が誕生した。

東日本では、冷涼な気候が苦手の和牛はほとんど飼育されず、畜力として用いられたのは**馬**だった。しかし、肉量の少ない馬は食用に適さず、明治以降、水田が少ない関東の畑作地帯では、サツマイモや麦を飼料とし、堆肥も採れる**豚**の飼育が広く普及する。豚肉は牛肉に比べて安価なため、明治末にはトンカツやポークカレーをメニューに取り入れた洋食屋が東京ではやり、豚肉の需要が次第に高まった。大正年間には養豚ブームが巻き起こり、以後、東京周辺の農村地帯は一大養豚地帯として発展する。

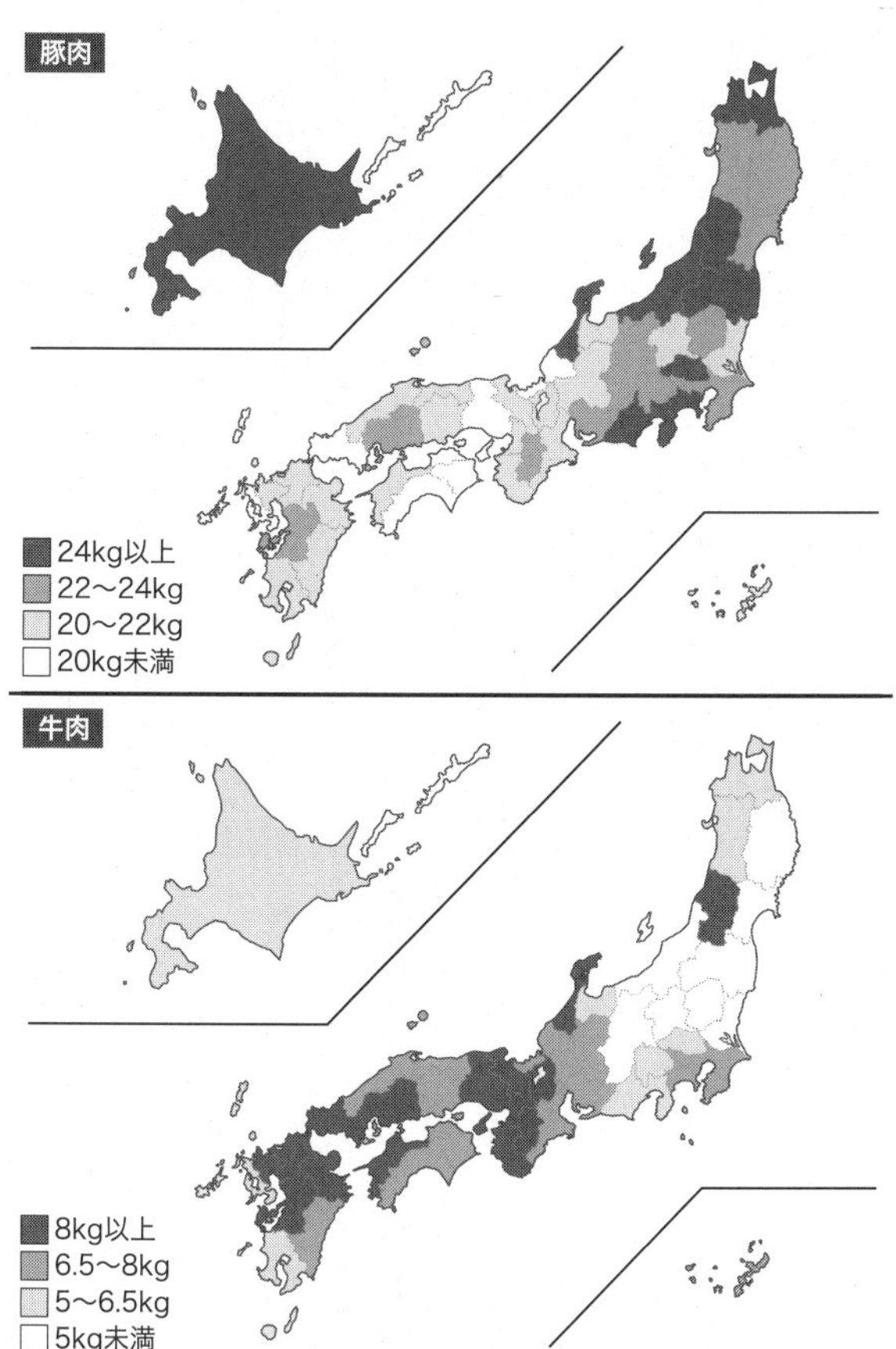

豚肉と牛肉の１世帯あたりの消費量

総務省統計局家計調査（2010〜12年平均）

9 東の切り餅、西の丸餅　雑煮に入れる餅が東西で違うワケ

新しい年を迎えると、多くの家庭では元日の朝に**雑煮**を食べる。この風習は全国各地に見られるが、雑煮の作り方は地方や家庭ごとに千差万別だ。関西は雑煮の味付けに白味噌を使う。白味噌は西京味噌とも呼ばれ、１２００年の歴史を持つ京都の伝統の味だ。関東では、正月から味噌を付けるのは縁起が悪いと、すまし仕立てである。山陰では小豆(あずき)汁の雑煮も見られる。小豆の赤色には邪気を払う力があり、縁起が良いのだという。全国的にはすまし仕立てが主流のようだが、かつおやいりこ、鶏ガラなどだしには地方により違いがある。

雑煮に入れる具材も多彩だ。新潟のいくら、三重のハマグリ、兵庫の焼き穴子、九州のブリなど地方ごとに特有の食材が使われている。どの地方でも雑煮の主役として欠かせないのは餅である。その餅も関東では四角い**切り餅**を焼いて使うのに対し、関西では**丸餅**を煮る。その中間の東海地方では、切り餅を使うが焼かずに煮る。

そもそもなぜ切り餅と丸餅があるのだろうか。本来、餅は丸形である。餅の丸い形

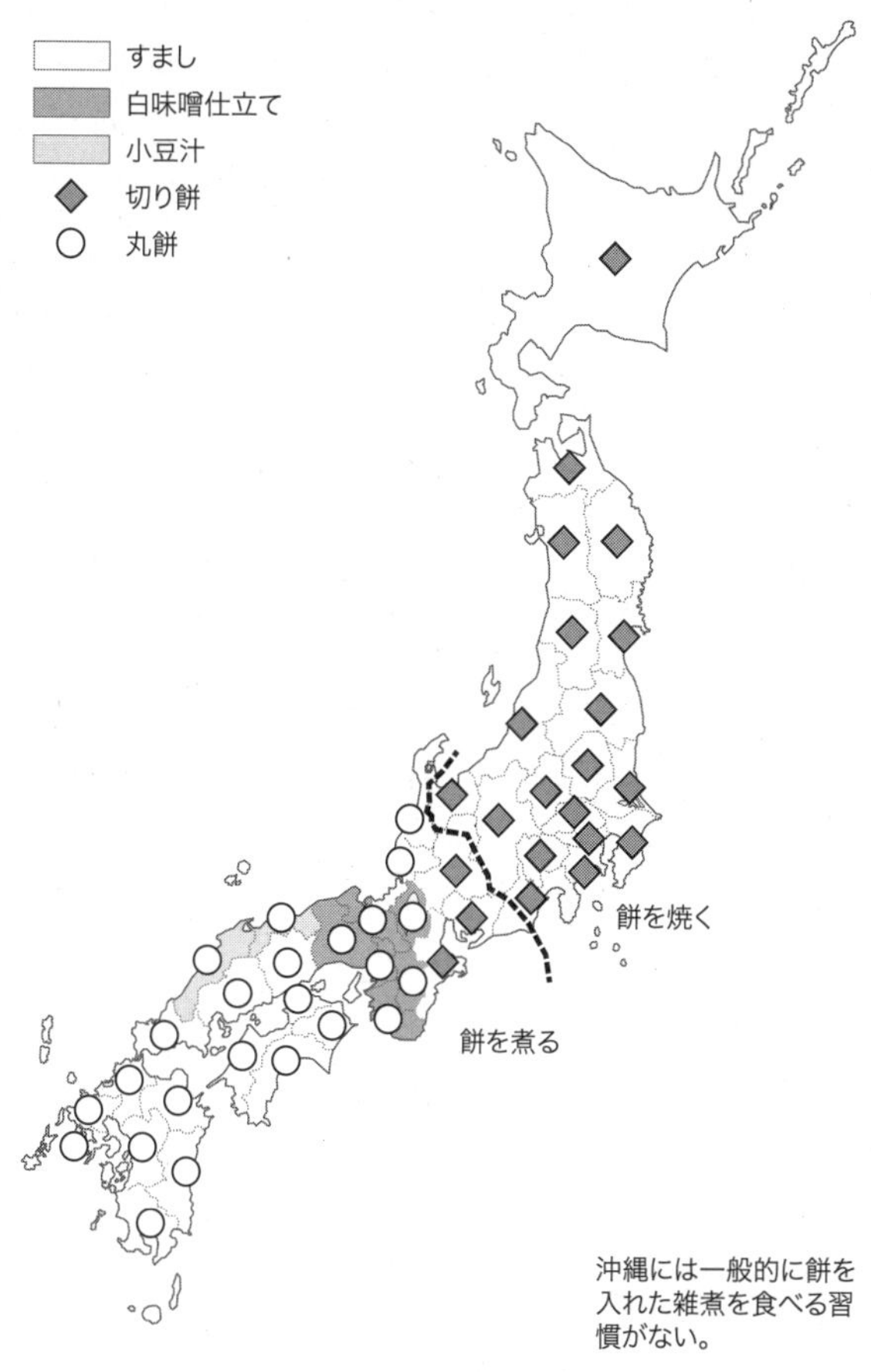

全国各地の雑煮

は月や鏡と関係が深い。満月は望月（もちづき）とも呼ばれるが、真ん丸は欠けたところがなく円満に通じる。また、昔の鏡は円盤状の金属を磨いて作られていたが、降臨した神がそこに宿ると考えられていた。年神様を招魂するために、この丸い鏡を形取ったのが鏡餅である。

関東の切り餅は、このような古式を省略したものだ。ついた餅をちぎって一つずつ丸める丸餅よりも、板状に伸ばしたのし餅を包丁で四角く一気に切るほうが手っ取り早い。関東の武家社会は古式より合理性を重視したのだろう。

ちなみに、「サトウの切り餅」のＣＭで知られるパック餅販売の最大手のサトウ食品には「サトウのまる餅」という商品もあり、関西のスーパーでは両方が販売されている。ただ、店頭に並ぶ地元の中小食品メーカーが製造したパック餅はすべて丸餅だそうだ。

10　ジンギスカン料理、讃岐うどん　人気のご当地グルメ誕生の秘話

ジンギスカン料理――北海道

大阪では一家に1台たこ焼き器があり、北海道では一家に1台ジンギスカン鍋があるという話をお聞きになったことはないだろうか。大阪生まれの筆者の実家には確かにたこ焼き器があった。ジンギスカン鍋について北海道出身の友人に尋ねたところ、「最近は、ホットプレートを使ったり、市販の簡易鍋を使ったりするので、昔ほどジンギスカン鍋がどの家庭にもあるわけではない。でも我が家にはあった」という答えだった。

焼き肉店にあるような鋳物製の鍋がなくても、最近はスーパーやホームセンターで使い捨てができるアルミ製の簡易ジンギスカン鍋が200円ほどで販売されている。道民は、家庭料理としてはもちろん、お花見やキャンプなどアウトドアの定番として、いつでもどこでも手軽にジンギスカンを楽しんでいる。

ところで、このジンギスカンという呼び名だが、もちろんあのモンゴルの英雄ジンギスカンに由来する。しかし、モンゴルにはジンギスカンと呼ばれる料理はない。そもそも鉄板や網で肉を焼いて食べる習慣がないのだ。ジンギスカン料理の語源として、ジンギスカンが活躍していた時代、兵士たちが陣中食として羊肉を鉄兜（かぶと）に乗せて焼いて食べていたことに由来するという説があるが、これは俗説であり、事実ではない。

モンゴルでは、古くより羊の遊牧がさかんであり、モンゴル人は今も昔も羊肉をよく食べるのは確かだ。ただ、彼らの伝統的な羊肉の調理法は骨付きのブロック肉を塩で煮込むシンプルなものだ。他に、羊肉を蒸し焼きにしたり、スープにしたりする料理はあるが、ジンギスカンのような焼き肉料理はモンゴルにはない。

ジンギスカン料理は、昭和の初めに北海道で生まれた。戦前の日本人は羊肉をほとんど食べなかったが、大正時代、牧羊がさかんな北海道では羊肉を使った料理が広まっていた。その頃、すでに北海道にはジンギスカンと呼ばれる焼き肉料理を食べさせる飲食店があったという。モンゴル料理ではなく、タレに漬けた羊肉のスライスをタマネギなどの野菜などと一緒に焼く烤羊肉（カオヤンロウ）という北京の伝統料理を、日本人の好みに合うようにアレンジした焼き肉料理を、羊肉といえばモンゴルのイメージであるところから「ジンギスカン」と名付けたらしい。

そして、戦後の食糧難の時代に他の肉類に比べ安価な羊肉が見直され、昭和30年頃、今では見慣れた中央が盛り上がったジンギスカン鍋が使われるようになった。ジンギスカンは北海道の家庭料理として定着し、やがて全国の人が食べるようになる。

讃岐（さぬき）うどん――香川県

「うどん県」を名乗る香川県の県民が食べるうどんの量は、県が実施した調査によると男性が年間３１０玉、女性は１４９玉、全国平均の年間26玉とは格段の差がある。男性は１週間に約６杯、女性でも約３杯の割合でうどんを食べていることになる。香川県では昔から田植えを終えた後や法事の際には必ずうどんが振る舞われ、年越しもそばではなくうどんを食べるという。サラリーマンは、朝は出勤前にモーニングうどん、昼のランチはワンコインでおつりがくるセルフうどん、夜、飲んだ後には締めのうどん、うどんは県民のソウルフードなのだ。

かつて讃岐と呼ばれた香川県のうどんは「**讃岐うどん**」として全国に知られている。その起源には諸説あるが、今のように細長い麺状のうどんが生まれたのは江戸時代中期である。雨が少なく干ばつの多い讃岐地方では、米の生産は安定しなかったが、水を多く必要としない小麦の栽培には適しており、小麦は米の代用品として欠かすことのできない食材だった。さらに、讃岐地方は塩作りがさかんだったこと、いりこ（イワシの煮干し）の産地であったこと、対岸の小豆島（しょうどしま）では古くから醤油（しょうゆ）の製造がさかんだったことなどうどん出汁（だし）の素材が揃っていたことも讃岐うどんを生みだした大きな要因だ。

なお、「讃岐うどん」には次のような基準が定められている。

①香川県内で製造されたもの
②手打ち、または手打ち風であること
③加水量が小麦粉重量に対して40％以上

④加塩量が小麦粉重量に対して3％以上
⑤熟成時間が2時間以上
⑥15分以内でゆであがるもの

「讃岐うどん」と表示して製造販売するためにはこれらの基準を満たさねばならない。ただし、②〜⑥の条件を守り、「本場」「名産」「名物」「特産」と表示しなければ、香川県内に限らず、全国どこで製造しても「讃岐うどん」と名乗ることができる。

ちなみに、原料の小麦粉だが、現在はそのほとんどはオーストラリア産である。

宇都宮餃子——栃木県

宇都宮市内には餃子(ギョーザ)専門店や中華料理店など餃子を扱う店が200軒以上あるそうだ。**宇都宮餃子**は、戦時中、満州（中国北東部）に駐屯していた宇都宮の陸軍第14師団の兵士たちが、現地でよく食べていた餃子の製法を持ち帰り、その後、家庭で作ったり、餃子店を開いたりするようになったのが始まりとされる。やがて、ファミレスが登場して外食文化が広まると、市内には副食に餃子を添えたランチや定食をメニューに加えた店が増え、餃子は宇都宮市民のソウルフードとして定着した。

一世帯あたりの餃子購入額でも、宇都宮は2010年までは15年間連続で全国1位を誇った。ただ、2011年に、「浜松餃子」の街として知られる静岡県浜松市が1位となり、その後、宇都宮と浜松は激しい首位争いを続けるが、2019年にはご当地グルメの祭典として知られる『B-1グランプリ』において、津市（三重県）の「津ぎょうざ」が優勝、一世帯あたりの餃子購入額は、2021年からは宮崎市が連続して日本一になるなど、近年、宇都宮以外にも地域色豊かな餃子が増えている。

富士宮やきそば——静岡県

富士宮やきそばの起源は終戦直後まで遡る。市内の製麺業者が、戦後の食糧不足の時代に、市民の手頃な食べものとして、腰の強い蒸し麺に地元産のキャベツやいりこなどの食材を使った焼きそばを考案したのが始まりだという。

その後、地元の人たちが、お好み焼き屋や駄菓子屋で気軽に食べていたが、富士宮の町おこしを模索していたグループが、富士宮には多くの焼きそば店があり、焼きそば消費量が全国のトップクラスであることに気付き、2000（平成12）年に「富士宮やきそば学会」を発足させた。大きな転機となったのは、2006年から始まった食の祭典『**B-1グランプリ**』である。富士宮やきそばは、第1回大会で見事グランプリに輝き、翌年の第2回大会も連覇すると大ブレークする。今では全国のB級ご当地グルメの代表格であることは周知の通りである。

たこ焼き——大阪府

昭和初頭に大阪で生まれた**たこ焼き**には原型となった三つの食べものがある。まず、今も兵庫県の郷土グルメとして人気の「**明石焼き**」だ。明石焼きは、卵を使ったとろとろの生地に具材はタコのみ、江戸時代から庶民の味として親しまれてきた。明治から大正にかけて、大阪では一口サイズの「**ちょぼ焼き**」が子どもの手軽なおやつとして広まる。昭和になると、コンニャクや牛すじなどの具を入れて丸い形に焼いた「**ラジオ焼き**」が人気を集める。それらをアレンジして、大阪玉出の会津屋が考案したのが「たこ焼き」だ。その後、ソースや青のり、削り節をかける現在のスタイルが確立する。なお、大阪府内にはファミリーレストランの8倍以上のたこ焼き店がある。

長崎ちゃんぽん——長崎県

ちゃんぽんは、明治の中頃、長崎の中華料理店の店主陳平順(チエンピンシュン)が、中国人留学生に安くて栄養価の高いものを食べさせようと考案した料理が始まりとされる。鍋で野菜や肉、魚介類など様々な具材を炒め、そこに中華麺を入れて濃いめのスープで煮こんだボリューム満点の料理だ。やがて、他の中華料理店でも提供されはじめ、一般家庭でも日常的に食べられるようになった。「ちゃんぽん」という名は、中国語で簡単なご飯を意味する「喰飯（シャンポン）」を語源とする説がある。

11　ドーナツ化現象は終わった！　都心の人口が急増しているワケ

「ドーナツ化現象」から「あんパン化現象」へ

日本の総人口は２００８（平成20）年の１億２８０８万人をピークに減少に転じた。山間僻地の過疎地域に限らず、今や全国の８割を超える市町村で人口が減少している。しかし、東京や大阪など大都市の都心部では、人口が急増し続けているのをご存じだろうか。かつて、大都市では、都心部から周辺部への人口流出が激しくなり、都心の居住者が激減する「**ドーナツ化現象**」が大きな社会問題となったが、今はまったくその逆の現象、都心への人口回帰が進行している。

東京都中央区の人口は、もっとも少なかった１９９７年にはわずか７・２万人にすぎなかったが、２０２３年には17・5万人に達し、この間の人口増加率１４３％は全国の市区町村の中でもっとも高い。この傾向は札幌、名古屋、大阪、福岡など他の政令指定都市でも見られ、どの都市でも都心の中央区や中区と呼ばれる区は、人口増加

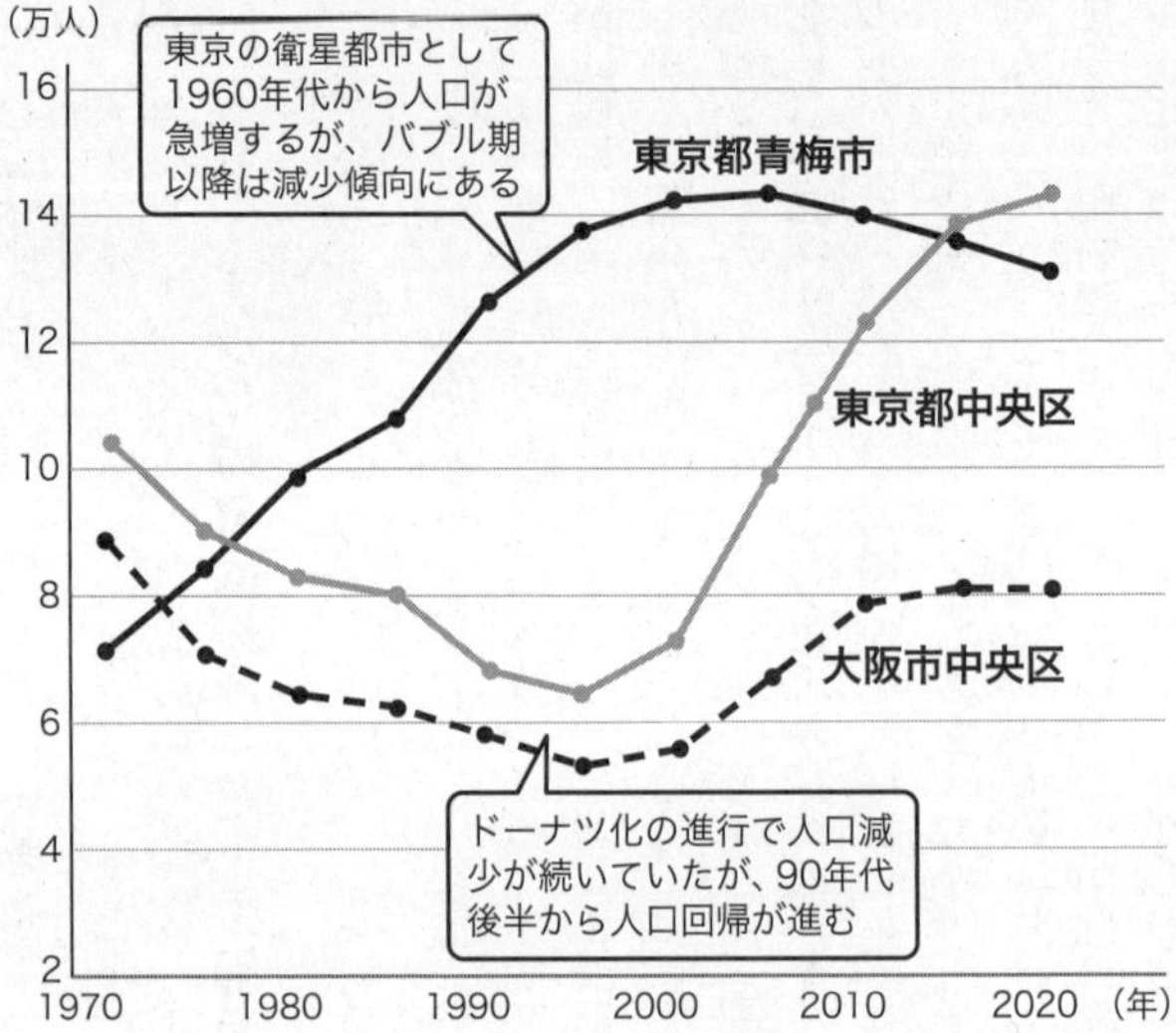

（万人）

16
14
12
10
8
6
4
2

1970 1980 1990 2000 2010 2020 （年）

東京の衛星都市として
1960年代から人口が
急増するが、バブル期
以降は減少傾向にある

東京都青梅市

東京都中央区

大阪市中央区

ドーナツ化の進行で人口減
少が続いていたが、90年代
後半から人口回帰が進む

東京都中央区・大阪市中央区・東京都青梅市の人口推移

国勢調査統計等より作成

大阪市内臨海地区の高層マンション群

率が周辺地域に比べ群を抜いて高くなっている。

中心部が空洞化するドーナツ化に対し、真ん中が詰まっていくため、このような都心への人口回帰は「**あんパン化現象**」とも呼ばれている。

「あんパン化現象」の要因

ドーナツ化が始まったのは高度経済成長期の1960年代だ。騒音や大気汚染などで環境が悪化、地価が高騰し、都心では住宅取得が困難になったことなどがその要因である。しかし、90年代になると、ドーナツ化現象は終息し、都心の人口がまた増え始める。

なぜ、人々は再び都心に戻り始めたのだろうか。当たり前のことだが、人が生活するためには住む家が必要である。都心部でこの問題が一挙に解決した。理由は、それまで日本にはなかった大規模な**高層マンションの出現**である。今や、20階を超える高層マンションが立ち並ぶ景観が国内の大都市で見られる。高層マンションの建設を可能にしたのは、超高強度コンクリートなどの新素材、耐震・免震の新技術、プレキャスト工法など、新工法の発達によって、工期が短縮し、建築コストが安くなったことが大きい。

さらに、バブルが崩壊し、地価が下がり始めたことや、高層化によって1戸あたり

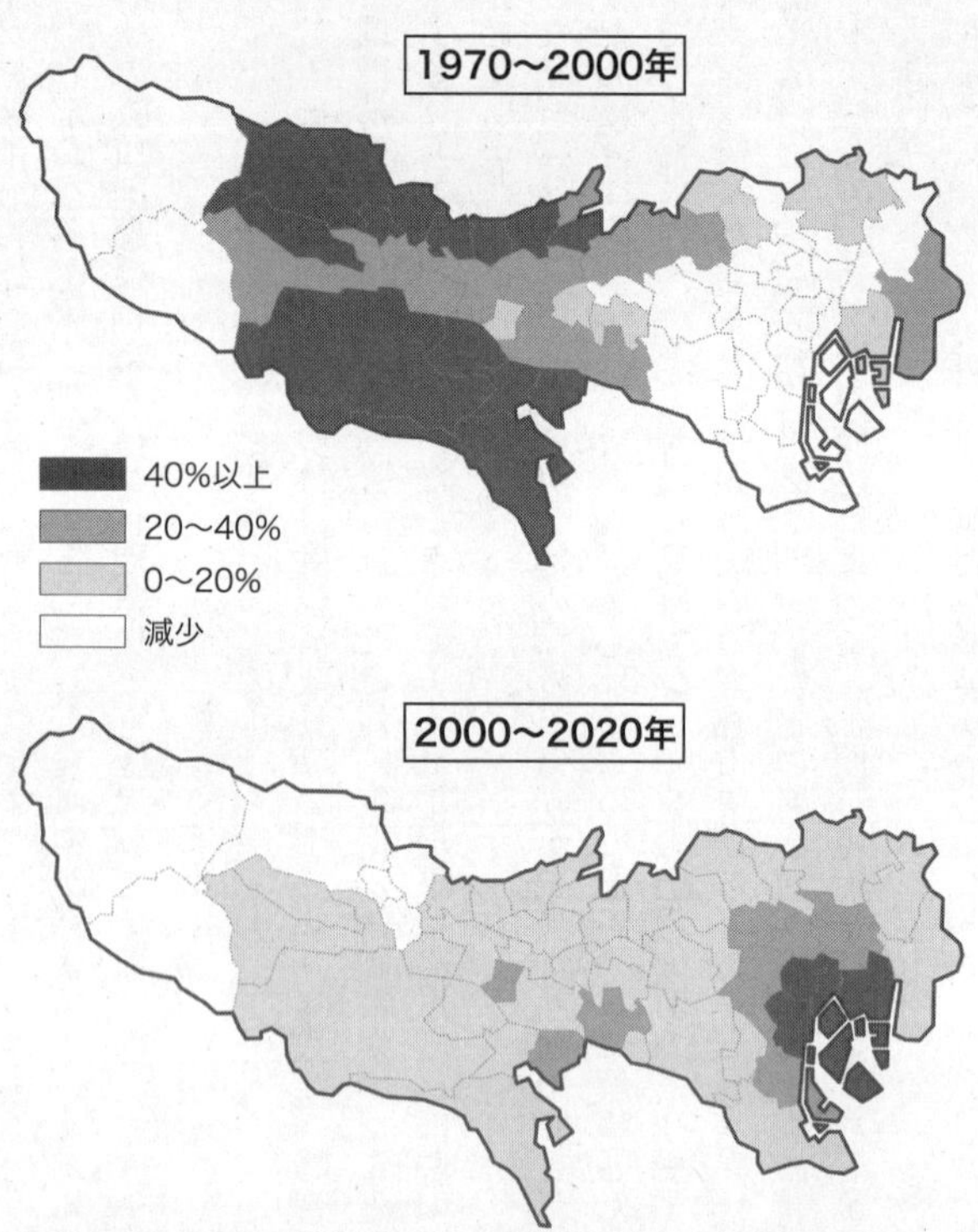

東京都の市区町村の人口増減

ドーナッ化現象が進行した1970、1980年代には、区部の人口が減少、都心から20〜40kmの多摩地区の人口が急増し、多くの衛星都市が生まれる。しかし、2000年代に入ると、多摩地区の人口増加は鈍化し、都心の中央区・千代田区・港区を中心に区部の人口が増えている。

の地代が軽減されるようになったことも、高層マンション建設ラッシュに拍車をかけた。

都心に住むと、通勤や通学時間が短縮し、満員電車から解放される。映画やコンサート、スポーツ観戦、ショッピングなど余暇を利用する機会も増える。札幌や新潟など雪国では、都心のマンションなら雪かきや屋根の雪下ろしの苦労がないので高齢者にはありがたい。医療機関や保育施設、24時間スーパーなどの生活関連施設を併設したマンションも増えている。

つい最近までは、職住分離が当たり前だったが、今、都心では、職・住・遊が一体化した街づくりが進んでいる。

12 「神奈川県」はなぜ「横浜県」じゃないの？ 県名と県庁所在地名が異なる県があるワケ

廃藩置県と3府43県の確立

「愛媛県の県庁所在地ってどこ？　高松？　松山？　松江？」

「金沢があるのは何県だったっけ？　金沢県？」

都道府県名と県庁所在地を覚えることができず、地理の授業が嫌いになる子どもたちが多い。全国47都道府県のうち、29の都府県は県（都府）名と県（都府）庁所在地名が一致、18の県（道）は異なっている。なぜだろう？　**廃藩置県**を断行した明治の政治家たちは、どうしてもっと県の数を少なくし、県名と県庁所在地を同じにしなかったのだろうか。そもそも県名と県庁所在地を決めるときに、しっかりとした方針はあったのだろうか。

廃藩置県は明治維新のもっとも大きな行政改革である。当初、新政府は、新たな行政区画の単位となる「県」の設置に際して、旧国を基礎に面積や経済規模（石高）をできる限り揃え、県名は県庁所在地と同一とすることを基本方針として定めていた。1871（明治4）年7月にとりあえず3府302県でスタートしたが、同年末には3府72県、その後、数回の統廃合を経て1888（明治21）年には3府43県のほぼ現在と同じ形になった。

都道府県数の推移は、年表にすると次のようになる。

1871年7月　3府302県（廃藩置県の実施）
1871年11月　3府72県
1875年12月　3府59県

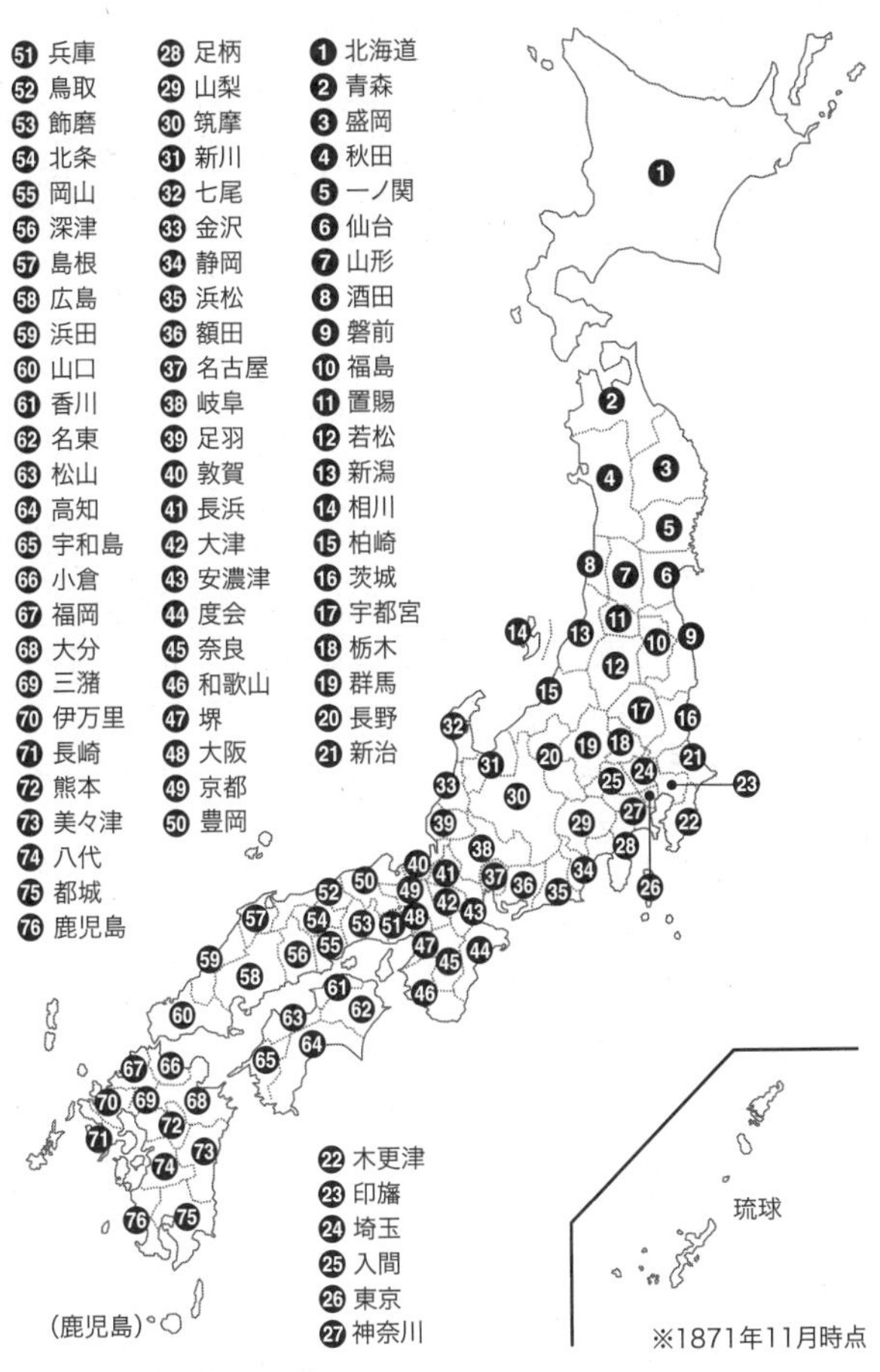

51 兵庫
52 鳥取
53 飾磨
54 北条
55 岡山
56 深津
57 島根
58 広島
59 浜田
60 山口
61 香川
62 名東
63 松山
64 高知
65 宇和島
66 小倉
67 福岡
68 大分
69 三潴
70 伊万里
71 長崎
72 熊本
73 美々津
74 八代
75 都城
76 鹿児島
28 足柄
29 山梨
30 筑摩
31 新川
32 七尾
33 金沢
34 静岡
35 浜松
36 額田
37 名古屋
38 岐阜
39 足羽
40 敦賀
41 長浜
42 大津
43 安濃津
44 度会
45 奈良
46 和歌山
47 堺
48 大阪
49 京都
50 豊岡
1 北海道
2 青森
3 盛岡
4 秋田
5 一ノ関
6 仙台
7 山形
8 酒田
9 磐前
10 福島
11 置賜
12 若松
13 新潟
14 相川
15 柏崎
16 茨城
17 宇都宮
18 栃木
19 群馬
20 長野
21 新治
22 木更津
23 印旛
24 埼玉
25 入間
26 東京
27 神奈川
琉球
(鹿児島)
※1871年11月時点

廃藩置県後の行政区分

1876年12月　3府35県
1879年4月　沖縄県を設置
1882年2月　北海道に3県（函館・札幌・根室）を設置
1886年1月　北海道の3県を廃止し、北海道庁を設置
1888年12月　香川県など8県がこの年までに分離復活し、47道府県体制が成立
1943年7月　東京府が東京都に移行
1945年8月　沖縄がアメリカ施政下に
1972年5月　沖縄復帰　1都1道2府43県

県名をどのように決めたのか

政府の方針にもかかわらず、県名と県庁所在地が一致しない県が多くなったのはなぜだろうか。新政府がもっともこだわったのは、新たな中央集権国家の建設のため、旧体制に繋がるイメージを払拭（ふっしょく）することだった。たとえば、領域が同じなのだから、信濃県とか土佐県とか歴史に根付いた旧国名を県名に採用すればよさそうなものだが、人心一新のため、1000年以上も昔の律令体制下の名称をそのまま使うことを新政府は忌避した。

そこで、県庁所在地の名称をそのまま県名に採用する方針を決めたのだが、そうす

ると仙台県や水戸県など旧藩名しかも新政府と対立した朝敵の藩の名と同じ県が生じることになった。幕藩体制を否定する新政府にはそれこそ何よりも不都合であり、そこで、今度は県庁が置かれた郡の名を県名に採用するようにした。

現在の47都道府県のうち17の県は、当時の郡名が県名の起原になっている。秋田や千葉などは、たまたま都市名でもあるが、本来は郡名である。政府は朝敵藩の名さえ消すことができればよかったようで、山形や福島のような小藩は例外として、東日本では旧藩の名はこれでほとんどなくなった。しかし、西日本ではこの指示は徹底せず、県名と県庁所在地が同じままの県が多い。

県庁所在地はどのように決めた？

県庁所在地は、本来は地理的中心地が望ましいが、結局は県庁として使える既存の建造物があることが重視された。今の県庁所在地の多くが、藩政時代の城下町だったのもそのためである。しかし、福島県の会津若松、山形県の米沢、新潟県の長岡、三重県の桑名などは当時の県内最大の都市であったにもかかわらず、県庁所在地になれなかったが、やはり朝敵藩であったからであろう。

今の子どもたちが県名と県庁所在地を覚えるのに四苦八苦する原因は、明治初期の複雑な歴史事情によるわけだ。

県名	由来	庁所在地	タイプ
北海道	その他	札幌	新
青森	都市名	青森	港
岩手	郡名	盛岡	城下町
宮城	郡名	仙台	城下町
秋田	郡・都	秋田	城下町
山形	都市名	山形	城下町
福島	都市名	福島	城下町
茨城	郡名	水戸	城下町
栃木	その他	宇都宮	城下町
群馬	郡名	前橋	城下町
埼玉	郡名	さいたま	宿場町
千葉	郡・都	千葉	新
東京	都市名	東京	主要
神奈川	その他	横浜	港
新潟	都市名	新潟	港
富山	都市名	富山	城下町
石川	郡名	金沢	城下町
福井	都市名	福井	城下町
山梨	都市名	甲府	城下町
長野	都市名	長野	門前町
静岡	都市名	静岡	城下町
岐阜	都市名	岐阜	城下町
愛知	郡名	名古屋	城下町
三重	郡名	津	城下町

県名	由米	庁所在地	タイプ
滋賀	郡名	大津	港
京都	都市名	京都	主要
大阪	都市名	大阪	主要
兵庫	その他	神戸	港
奈良	都市名	奈良	主要
和歌山	都市名	和歌山	城下町
岡山	都市名	岡山	城下町
鳥取	都市名	鳥取	城下町
広島	都市名	広島	城下町
島根	郡名	松江	城下町
山口	都市名	山口	城下町
徳島	都市名	徳島	城下町
香川	郡名	高松	城下町
愛媛	その他	松山	城下町
高知	都市名	高知	城下町
福岡	都市名	福岡	城下町
佐賀	郡・都	佐賀	城下町
長崎	都市名	長崎	港
熊本	都市名	熊本	城下町
大分	郡・都	大分	城下町
宮崎	都市名	宮崎	新
鹿児島	郡・都	鹿児島	城下町
沖縄	その他	那覇	港

都道府県名の由来と県庁所在地のタイプ

＊栃木は元の県庁所在地、神奈川と兵庫は県庁所在地内の地名

＊由来の「郡・都」は郡名と都市名が同じ

＊タイプの「新」は新建設都市、「主要」は天領だった主要都市、「港」は港湾都市

13　県名は漢字なのに「さいたま」市がひらがな表記になったワケ

「埼玉県」の県庁所在地はひらがな表記の「さいたま市」、どうして漢字表記で「埼玉市」にしなかったのか、その事情とは？

埼玉県は1871（明治4）年に、忍県・岩槻県・浦和県の3県が合併して誕生した。県名を埼玉としたのは、当初は県庁を埼玉郡岩槻町に置く予定だったからである。しかし、岩槻には県庁に適した建物がなく、県庁業務は北足立郡の浦和で行われることになり、その後、県名は埼玉県だが、浦和がそのまま県庁所在地になった。

さいたま市は、県庁所在地であった浦和市と大宮市・与野市の3市が2001（平成13）年に合併して北関東では初めての100万都市として誕生し、2003（平成15）年には政令指定都市に昇格した。新市名は一般から公募された。応募総数は約7万票、「埼玉市」が1位で7117票、次いで「さいたま市」が3821票で2位だった。

なぜ埼玉市にならなかったのだろうか。

埼玉という地名は、前述のように本来は郡名であり、浦和・大宮・与野の3市は埼玉郡とは離れた位置にあった。また、郡名である埼玉という地名のルーツは、県北部の行田（ぎょうだ）市の埼玉（さきたま）にある。ここには前玉彦命（さきたまひこのみこと）を祀った前玉神社があり、付近には埼玉古墳群もある。そのため、行田市サイドから「埼玉」を使わないよう要望もあって、新市名はひらがなの「さいたま」に落ち着いた。

なお、ひらがなの「さ」は手書きすると「**さ**」と3画で書くが、さいたま市では2画の「**さ**」を使用することになっているらしい。

さいたま市を含め、全国にはひらがな表記の市が23市ある。いすみ（夷隅）・あま（海部）・いなべ（員弁）のように漢字が読みづらい、みよし（三好）のように同名の市がすでにあった、たつの（竜野）・かすみがうら（霞ヶ浦）・うきは（浮羽）のように合併前にあった同音漢字名の自治体が、他の町村を吸収したような印象を避けるためなど、ひらがな表記になった事情は様々である。ひらがなのほうがソフトで親しみやすいということも理由のようだ。さくら市やみどり市は、桜や緑をひらがな表記にしたイメージ地名なのだが、由緒のある漢字地名も大切にしてほしいとの声も多い。

うるま市
むつ市
つがる市
にかほ市
みどり市
かほく市
あわら市
さくら市
いわき市
ひたちなか市
つくば市
かすみがうら市
いすみ市
つくばみらい市
たつの市
うきは市
さいたま市
みやま市
みよし市
あま市
さぬき市
えびの市
いなべ市

全国のひらがな市

参考文献

『日本統計年鑑』総務省統計局
『日本国勢図会』矢野恒太記念会
『数字で見る日本の100年』矢野恒太郎記念会
『気象年鑑』気象業務支援センター
『最新地理学辞典』大明堂
『地理基本用語集』吉野教育図書
『世界大百科事典』平凡社
『国語大辞典』小学館
『海洋大事典』東京堂出版
東京書籍『新しい社会 地理』
帝国書院『新詳地理B』
国立天文台『理科年表』丸善出版
地理用語研究会編『地理用語集 第2版』(山川出版社、2019年)
東京大学海洋研究所『海洋のしくみ』(日本実業出版社、1997年)
能田成『日本海はどう出来たか』(ナカニシヤ出版、2008年)
アイドマスタジオ『なるほど知図帳日本の山』(昭文社、2006年)
日本地質学会『地震列島日本の謎を語る』(東京書籍、2000年)
斎藤靖二『日本列島の生い立ちを読む』(岩波書店、1992年)
巽好幸『地震と噴火は必ず起こる』(新潮選書、2012年)

神沼克伊・宮町宏樹・金尾政紀・野木義史・伊藤潔『地震と火山100不思議』（東京書籍、2004年）
三浦郁夫・川崎宣昭『お天気なんでも小事典』（技術評論社、2005年）
大宮信光『面白いほどよくわかる気象のしくみ』（日本文芸社、2007年）
青木孝『図解雑学よくわかる気象のしくみ』（ナツメ社、2006年）
ワンダーフォーゲル編集部編『富士山ブック』山と渓谷社
藤岡幹恭・小泉貞彦『農業と食料がわかる事典』（日本実業出版社、2004年）
及川忠・鈴木宣弘『最新食料問題の基本とカラクリがよ〜くわかる本』（秀和システム、2009年）
諸橋準之助『新潟の米ものがたり』（新潟日報事業社出版部、1996年）
鏡味完二・鏡味明克『地名の語源』（角川書店、1977年）
安藤静夫・小笠原武『地名の始まりと由来』（都出版社、1975年）
谷川彰英『知らなかった！　都道府県名の由来』（東京書籍、2010年）
高野澄『物語廃藩置県』（新人物往来社、2001年）
北嶋廣敏『日本人として知っておきたい地名の話』（毎日新聞社、2008年）
岩橋小弥太『日本の国号』（吉川弘文館、1970年）
山下東子『魚の経済学』（日本評論社、2009年）
中田誠『ぜひ知っておきたい日本の水産養殖』（幸書房、2008年）
安田龍平・板垣利明『地域ブランドの取り組み26のケース』（同友館、2007年）
二村宏志『地域ブランド戦略ハンドブック』（ぎょうせい、2008年）
ユネスコ協会連盟『世界遺産年報』
平谷英明『一番やさしい地方自治の本』（学陽書房、2012年）

市町村自治研究会『市町村合併ハンドブック』（ぎょうせい、１９９５年）
江口克彦『地域主権型道州制がよくわかる本』（ＰＨＰ研究所、２００９年）
ＧＦＣ『地理から見えてくる日本のすがた』（中経出版、２００７年）

そのほか、グラフや表の作成にあたっては、国土交通省・気象庁ほか各省庁のＨＰ提供の資料を参照した。

おわりに

タイトルは異なるが、本書は2014年にベレ出版より刊行した単行本『なるほど日本地理』を文庫本として加筆修正したものである。長年、私は中学校や高校の教師を務めていたが、本書の「はじめに」でも触れたように、地理の授業は生徒たちからは残念だがあまり好かれていない。これは大人たちも同じで、私の周囲を見渡しても地理という言葉だけで敬遠してしまう人がけっこう多い。しかし、地理は我々の日常と密接に関連している。そこには生活に役立つ情報だけではなく、知れば知るほど意外なおもしろさがある。地理好きの人はもちろん、地理が苦手という人たちにも、地理への興味や関心を広げ、学校で習った地理の学び直しに役立つ本を作りたい。そんなことを願って私は『なるほど日本地理』を執筆した。

光栄なことに、『なるほど日本地理』は2014年の初版刊行後も毎年のように増刷を重ね、2021年には第8刷を刊行するロングセラーとなった。その間、多くの方が本書を手にとって下さったことは筆者として嬉しい限りである。ただ、『なるほど日本地理』の内容には、我々の身近の些細な疑問を取り上げたものが多く、それらは地理というジャンルの中で時を経ても変わらないテーマだが、その一方、時事性を考慮したテーマも取り上げている。初版が発刊された当時は「平成の大合併」が一段落し、次の地方分権改革として「道州制」が注目されていた。しかし、現在ではそれらはまったく論議されなくなった。

2020年より3年余り続いたコロナ禍は、国内の経済や国民生活に大きな影響を及ぼした。初版以来9年の間に社会情勢も変化し、『なるほど日本地理』をリニューアルする機会があればと考えていたのだが、そのような時に、KADOKAWAの宮川友里氏より『なるほど日本地理』を文庫化することをお薦めいただいた。私にとっては願ってもない提案であり、今回、『気になる日本地理』とタイトルも一新し、新規にソフィア文庫に加えていただくことになった。

『気になる日本地理』については、単なる『なるほど日本地理』の焼き直しにならぬよう、時事性だけではなく、『なるほど日本地理』を読まれた多くの方々の感想や意見を踏まえて取り上げるテーマを再考した。多くのテーマについては、最新の情報に拠り、内容や説明を加筆修正し、統計データの更新を行ない、さらに道州制など時事性が薄れたテーマの差し替えや新たなテーマの執筆を行なった。

『なるほど日本地理』は、学校の先生方や学生たち、若いサラリーマンから主婦の方まで幅広い層の方々にお読み頂いたが、ソフィア文庫の読者層には中高年の方々も多いとお聞きした。また、単行本ではなく、文庫本として出版されることで、リーズナブルな価格となり、より多くの方に気軽に本書を手にとっていただけるようになったのもありがたい。本書が、楽しみながら地理の知識を深め、読者の方々が地理への興味や関心を広げる一助になれば幸いである。

2023年7月

宇田川　勝司

本書は、二〇一四年九月にベレ出版より刊行された『なるほど日本地理』を改題し、大幅な加筆と修正を加えて文庫化したものです。

気になる日本地理

宇田川勝司

令和5年 8月25日　初版発行

発行者●山下直久

発行●株式会社KADOKAWA
〒102-8177　東京都千代田区富士見2-13-3
電話　0570-002-301(ナビダイヤル)

角川文庫 23782

印刷所●株式会社暁印刷
製本所●本間製本株式会社

表紙画●和田三造

●お問い合わせ
https://www.kadokawa.co.jp/(「お問い合わせ」へお進みください)
※内容によっては、お答えできない場合があります。
※サポートは日本国内のみとさせていただきます。
※Japanese text only

ISBN 978-4-04-400733-1　C0125

◇◇◇

角川文庫発刊に際して

角川源義

第二次世界大戦の敗北は、軍事力の敗北であった以上に、私たちの若い文化力の敗退であった。私たちの文化が戦争に対して如何に無力であり、単なるあだ花に過ぎなかったかを、私たちは身を以て体験し痛感した。西洋近代文化の摂取にとって、明治以後八十年の歳月は決して短かすぎたとは言えない。にもかかわらず、近代文化の伝統を確立し、自由な批判と柔軟な良識に富む文化層として自らを形成することに私たちは失敗して来た。そしてこれは、各層への文化の普及滲透を任務とする出版人の責任でもあった。

一九四五年以来、私たちは再び振出しに戻り、第一歩から踏み出すことを余儀なくされた。これは大きな不幸ではあるが、反面、これまでの混沌・未熟・歪曲の中にあった我が国の文化に秩序と確たる基礎を齎らすためには絶好の機会でもある。角川書店は、このような祖国の文化的危機にあたり、微力をも顧みず再建の礎石たるべき抱負と決意とをもって出発したが、ここに創立以来の念願を果すべく角川文庫を発刊する。これまで刊行されたあらゆる全集叢書文庫類の長所と短所とを検討し、古今東西の不朽の典籍を、良心的編集のもとに、廉価に、そして書架にふさわしい美本として、多くのひとびとに提供しようとする。しかし私たちは徒らに百科全書的な知識のジレッタントを作ることを目的とせず、あくまで祖国の文化に秩序と再建への道を示し、この文庫を角川書店の栄ある事業として、今後永久に継続発展せしめ、学芸と教養との殿堂として大成せんことを期したい。多くの読書子の愛情ある忠言と支持とによって、この希望と抱負とを完遂せしめられんことを願う。

一九四九年五月三日

角川ソフィア文庫ベストセラー

インド史
南アジアの歴史と文化
辛島　昇

インダス文明から始まり、カースト制度の成立や仏教の誕生、列強による植民地化、そして独立運動に至るまで、5000年にわたる悠久のインド史を南アジア研究の大家が描き出す。写真40点を掲載。

朝鮮半島史
姜　在彦

大陸の動乱や諸外国の圧力に常に晒される半島的性格を持ちながら、2000年の歴史を紡いできた朝鮮。建国神話から日本による「併合」まで、隣国の動向も踏まえてその歩みを網羅する、入門に最適の1冊。

アフリカの歴史
川田順造

人類誕生の舞台であり、民族移動や王朝の盛衰を経て、他者と共存するおおらかな知恵を蓄えたアフリカ大陸。現地調査を重ねた文化人類学者が、「世界史」の枠組みをも問い直す、文明論的スケールの通史。

1冊で読む 世界の歴史
西村貞二

世界史はあっと驚く話、深い感銘を受ける話、ロマンティックな話、手に汗を握る話に満ちている。100のテーマを道標にして、古代から20世紀まで人類が紡いできた歴史を1冊に凝縮する。図版も多数収録。

聖地と日本人
小松和彦

鞍馬山、愛宕山、貴船、稲荷山、吉野、富士山、白峯、安達ヶ原……神々が遊び、鬼や妖怪が出没。絵画や文学作品、歴史書など、多彩な史料を手がかりに、中世の京都人が聖なる場所に込めた思いに迫る。